日本百名塔

須磨一彦 著

中央大学出版部

目次

兵庫 ⑩②〜⑪①

岡山 ⑪②〜⑪⑨

広島・山口・四国 ⑫⓪〜⑬⓪

序説

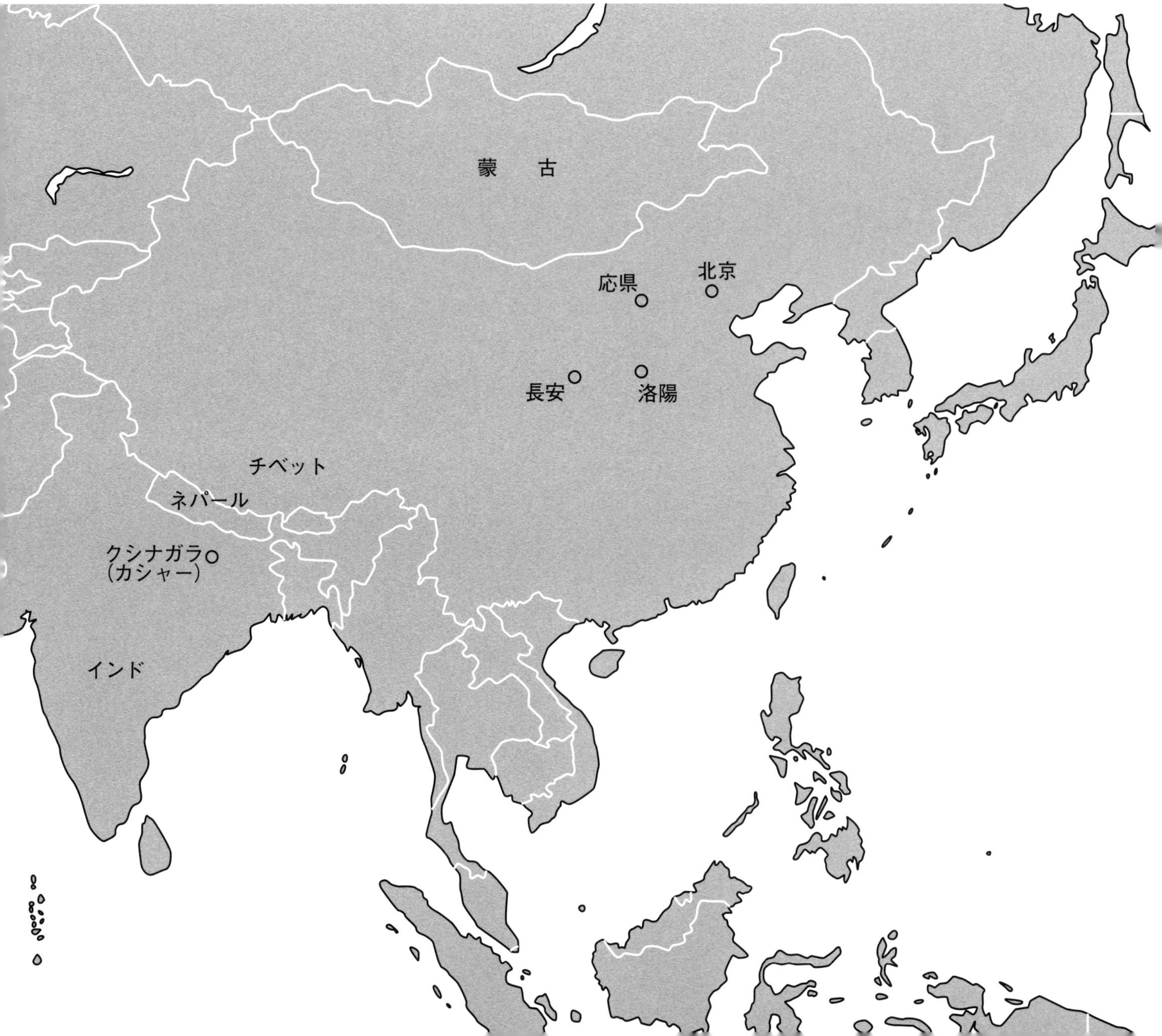

仏教の伝来

旅に出たら美しい仏塔の前に立って仰ぎ見たいものです。日本の多層塔は一見楼閣式で、二層以上に手摺りの付いた縁が回らされていても、それは装飾であって、人が上部へ登って周囲を眺める望楼ではありません。仏塔は紀元前四（別説では五）世紀末に釈迦がクシナガラで入滅後、火葬された遺骨（舎利）を中インドの各地に建てた塔（スツーパ▽日本語で卒塔婆）に八分して祀ったことに由来しています。これらの塔の建立の担い手は在家信者でしたが、伝説からすると、彼らは仏陀の遺言を解釈して仏塔信仰を自己にできる最善の礼拝方式だと考えたようです。大乗仏教は紀元後に発生しましたが、『般若経』を初めとするその経典でも仏塔信仰が重視されています。インドの仏塔は丸鉢を伏せた形のもので煉瓦または石造りでした。

インドで大乗経典最古のものである『般若経』の成立が明確になったのは仏滅五百年に当たる西暦百年とされていますが、この頃にはこれといった伝道者がいなくてもシルクロードを経て自然に仏教が中国へ伝わっていたと想像されます。西暦前二百年頃から前漢の首都は長安でしたが、十五年ほどの新の支配を挟んで西暦二十五年に光武帝が漢を再興して（後漢）遷都してから、中国で仏教の布教に門戸を開いた最初の都市はその洛陽でした。最初の訳経僧は二世紀半ばに安息（実は安国）から来漢した安世高で、主に小乗経典を漢訳しましたが、次いで大月氏《だいげっし》から来漢した支婁迦《しるか》讖《せん》は『般若経』などの大乗経典を漢訳しました。前漢時代から中国は匈奴の侵略に曝されましたが、そのために仏教の発展が阻害されることはなかったようです。後漢が滅びて中国は約三百年に亘る分裂と乱立の時代に入ります。しかし、この間にも仏教の発展を物語る事実として、四世紀初頭の西晋《せいしん》末の洛陽には四十二の寺院があり、四世紀の第二四半期の後趙では仏図《ぶっと》澄《ちょう》が活躍し、道安を初め多数の門弟を育成し約九百の寺院を建立しました。その道安の勧めで前秦の皇帝・符堅《ふけん》は亀茲《きゅうじ》から鳩摩羅什《くまらじゅう》を長安に迎えるのに六十万の軍勢を動員したそうです。羅什の弟子僧朗が三論宗を伝えました。経典の翻訳は時代順に古訳、旧訳、新訳と大別されていますが、羅什の翻訳が旧訳の皮切りで、このお陰で訳書だけで仏教の理解も研究もできるようになりました。新訳は唐代に法相宗の開祖となった玄奘《げんじょう》の厳密な訳語を基礎にしたものです。法相宗よりも半世紀早く天台宗の教理（一念三千、三諦円融《さんだいえんにゅう》）が智顗《ちぎ》によって大成されています。七世紀の唐代になってその他の華厳宗、律宗など諸宗派が出揃って仏教は全盛時代を迎えます。

しかし、仏教が中国で何の障碍も挫折もなく一直線に発展したわけではありません。宗教の発展には人心の帰依と喜捨や寄進が欠かせませんし、出家による入信が求められますが、国家にとってこれは税収源を横取りされることを意味します。宗教によって人心の安定をもたらして統治を助ける利点がある一方で、その過大な発展は国家の財政を圧迫するという矛盾に陥ります。それに仏教は外来の宗教であるのに対して土着の道教や儒教との間の対立と相克も避けられませんでした。国家による仏教の教団弾圧、迫害の主要なものとして「三武《さんぶ》一宗《いっそう》の法難」というまとめ方があります。三武とは北魏の太武帝、北周の武帝、唐の武宗帝のことで、一宗とは後周の世宗帝です。大武帝は道教を信仰して右腕とする一方で国内の寺院三万、僧尼二百万にまで隆盛した仏教を弾圧し、堂塔の破却、仏像経典の焼却、僧尼の還俗を強制しました。しかし南北朝時代としては法難は一時的で、多数の堂塔が残されています。第二の法難も道教と仏教の対立に絡んで廃仏が断行されたわけですが、武帝は後に北斉を併合しましたので、北周、北斉の両域に亘って仏像経典の焼却はもとより寺院は王公の邸宅に流用され、教団の財産は国家に没収され、僧侶は国軍に編入されました。隋・唐の時代は仏教の全盛期でしたが、何度か排仏政策があった後、唐も後期に入っていた武宗帝による会昌の仏教弾圧として知られるものは、諸寺への巡礼の禁止、長安と洛陽にそれぞれ四寺、各州に一寺を残す以外はすべての寺塔の破却、二十六万人に及ぶ僧尼の還俗という結果をもたらすほどの徹底的なものでした。隋代の仏塔はすべて南北朝時代に続いて木造でしたが、それらは一基も残されておらず、唐代のものは木造を模した石塔または塼塔《せんとう》ですが、その遺構の数量は不明です。第四の最後となる法難は十世紀中葉に当たる五代・後周の世宗帝が断行した仏教統制です。それは勅賜《ちょくし》以外の寺の廃止、出家の禁止、仏像を貨幣に改鋳するなどですが、中国全体からすると部分的な被害にとどまりました。

仏塔について、時代を三段階に大別し、第一段階を北魏《ほくぎ》時代、第二段階を隋・唐時代、第三段階を宋代として、第一と第二の段階ではともに木造の塔の遺構が一基も存在しないことで、この両段階に対する関心は薄れざるをえません。しかし、唐代の仏塔の基壇の形状が四角形だったことは、日本の仏塔への影響の点で見逃せません。第三の宋代に入ると、塔の基壇の形状が八角形または六角形へと変化しました。この時代も木塔に絞れば、契丹（遼）の支配地域に属する山西省応県（大同の約百キロ南）に仏宮寺釈迦塔が残っているだけです。これは正八角形で、五層（明層）と四層（暗層）を単純に加算すれば九階建ともいえる高層建築です。

仏教が中国から朝鮮に伝わったのは、四世紀中葉から わずか四十年の短命に終わった前秦経由でした。三七二年に前秦の王・符堅が僧・順道と経典を高句麗に送ったのが始まりです。それから十二年後に半島の西部を支配していた百済に高句麗経由ではなく直接東晋から仏教が伝わりました。その百済から仏教が日本へ伝わったのはさらに一五〇年後のことでした。

日本の仏教

六世紀前半（五三八年・異説あり）に第二十九代に当たる欽明天皇に対して百済の聖明王が釈迦仏金銅像、幡蓋《ばんがい》、経論を献じた（日本書記）のが仏教の日本への最初の公式な伝来とされています。しかし、次の敏達《びだつ》天皇は仏教を信仰しなかったこともあり、それで直ちに仏教が日本に定着することにはなりませんでした。崇仏派と排仏派の半世紀に及ぶ葛藤を経て、崇仏派の蘇我馬子が勝利し、大規模な法興寺（後の飛鳥寺）を建立しましたが、その意図は災厄除去と除病延命を祈願する祈祷性と、権勢の誇示という政治性の両面を睨んだものでした。これが完成するのは推古天皇四年のことですが、そのときはすでに聖徳太子が摂政の任に就いていました。それから聖徳太子の深遠な仏教帰依の影響によって日本における仏教信仰が本格的なものとなりました。太子は高麗の慧慈《えじ》と百済の慧聡から仏教を学び、深く理解するに至ったことは注目に値することです。

しかし飛鳥寺は現存しないので、今日に伝えられている最古の寺院は七世紀前半に聖徳太子が創建した法隆寺です。聖徳太子の念頭にはすでに国家仏教の理念があり、仏教治国策を模索していたかも知れません。遣隋使を経て遣唐使の時代になって国内の仏教は質的に深められたとされています。法隆寺の開創から二十年ほど後には四天王寺、広隆寺など、その数五十に達するほどの寺院の建立が終わっていたそうです。飛鳥・奈良の南都仏教では仏塔は仏舎利を奉安するのが目的とされていました。南都六宗といわれる中で代表的なものは法相宗で、この派には薬師寺や興福寺が属し、総国分寺である東大寺は華厳宗です。第四十代に当たる天武天皇は鎮護国家の三部経のうち仁王経と金光明経の読経を諸国に詔勅しましたが、これは国家仏教の成立を物語るものです。第四十五代に当たる聖武天皇は八世紀中葉に平城京を一時的に放棄して紫香楽へ遷都した直後、諸国に七重塔を含む国分二寺創建の詔勅を公布しましたが、これは当時の対外関係の緊迫、疫病の流行、藤原広嗣の反乱など、政治・社会の混乱からの救済を宗教に求めたものと考えられます。

国分二寺と大仏造立という大事業遂行のために莫大な資金と過大な労力を要した結果、経済の疲弊と社会不安を招きました。天皇は造像勧進のために行基とその弟子を登用し、後に行基に大僧正の称号を授けました。このような専制君主たる天皇による仏教への過度な依存は後代に禍根を残さずにはいませんでした。大仏は仏教発展の頂点としてのシンボルであり、後世にとっては貴重な文化遺産として歓迎されるでしょう。しかし、大仏造営という大事業が、災厄除去や除病延命、天下泰平や五穀豊穣への祈願の表現であったとしても、その悲願成就の保証はどこにもないでしょう。その後、特に女帝・第四十八代の称徳天皇と僧侶・道鏡による皇位を巡っての癒着は極みに達したため、その弊害を絶つべく第五十代の桓武朝が平安京へ遷都しました。

　そのころ既存の官寺仏教の理論教学に疑問を抱いて仏陀直説の経の実践に仏道の原点を求めて山林修行に入った南都学僧の中に最澄と空海がいました。この二人は九世紀初めに桓武天皇の遣唐使として入唐求法の任務に就いたのです。短期留学を命じられていた最澄は天台山で集中的に研鑽を済ませ、在唐九ヵ月で帰国しました。一方、空海は長安に入り、正統真言の秘法を修めて二年後に帰国しました。それから多少時期はずれますが天台・真言の二宗が開創されて、教義は従来の顕教から密教へ変わるとともに仏塔の形式も多層から多宝塔ないし宝塔へと変化し、仏舎利を奉安するしきたりも廃止されました。しかし、平安時代に藤原氏が台頭し、その摂関政治が進むと天台教団は公請《くじょう》僧《そう》となり、貴族の求めに応じて僧綱《そうごう》任用の基準を歪めて貴族子弟を要職に登用して提携を強め、寺領を拡大して荘園領主化するに至りました。他方、真言宗の空海は東大寺に真言院の建立を許されると、東大寺のみならず南都仏教全体を密教化しました。さらに八世紀に建立された東寺の給予と五十人の真言僧の専住許可をも受けて全盛期を迎え、彼には死去して八十五年後に孫弟子の観賢の奏請によって弘法大師の称号が認可されました。空海の死後、弟子の間での分裂と抗争に終止符を打ったのも観賢でした。

　平安時代中期の京都には仏塔の林立が見られました。特に一〇八三年に白河天皇によって創建された法《ほっ》勝《しょう》寺の八角九重塔（高さ八一メートル）を初めとしておよそ一三〇基の仏塔の存在が確認されています。この中には東寺の五重塔はいうまでもなく、空海の孫弟子・聖宝が開創した醍醐寺の五重塔や、その相弟子・益信が台密系から東密系に改めた仁和寺五重塔も含まれているでしょう。中国の宗代の初期・遼の時代には八角形の仏塔が多数建造され、この時代の木塔の唯一の遺産である仏宮寺釈迦塔は八角九層です。時期と形状からこの時代の中国の仏塔が京都の法勝寺八角九重塔の建造に影響があったことは想像されます。この塔は建造から一二五年後に落雷で焼失した数年後に再建されたものの、その一二九年後に再び焼失しました。東寺の五重塔も過去四回に亘り焼失しています。仏塔は他の建造物より地震には強いといわれていますが、丈が高いだけに落雷の被害を受けやすいのが弱点です。現在の京都市街に残る重文の塔としては室町時代に建造された法観寺五重塔が最古で、その他の五基はすべて寛永年間の造営で、年代順に列挙すれば、清水寺三重塔、金戒光明寺三重塔、東寺五重塔（国宝）、仁和寺五重塔、清水寺子安塔となります。

しかし、平安中期の一〇五二年に釈迦の入滅から数えて正法、像法の各千年が経過し、末法の時代に入ったとする末法思想を裏書する天災・人災が相次ぎ、律令制のマンネリ化、治安の乱れによって犯罪や事件が多発して世相の悪化が進みました。この末法の危機からの救済策として、法相・天台・真言などの従来の仏教による聖道門と、その釈迦への信仰によって現世で悟りを拓き成仏することを祈願するのとは違って、弥陀に導かれて来世での往生が約束される浄土門が新たに開かれました。聖道門でも末法思想に対応して舎利信仰、弥勒信仰、霊験所巡礼などが唱導されましたが、これは貴族の求めに応じたもので、市聖・空也と『往生要集』の著者・源信の功績が大とされている口称念仏の普及によって浄土教が広く浸透し、次代の法然に引き継がれます。白河天皇（上・法・皇）の治世を中心にしてしばしば仏舎利の諸社への奉納が行われました。白河天皇の時代はすでに空也の死去から百年、末法到来から二十年を経ていましたが、その法相寺の金堂には胎蔵界五仏が、八角九重塔には金剛界五仏が安置され、鎮護国家の寺院として造営されたことを示しています。しかし、浄土教の要素として阿弥陀堂の併設への配慮も欠かせませんでした。

平安時代末期に法然が浄土宗を、やや遅れて栄西が禅宗（臨済宗）を起こし、布教を始めました。空也を初め法然も栄西も、道元も日蓮も天台教学を批判的に摂取して新仏教を興したのですが、その報復として旧仏教による弾圧とこれと結託した朝廷による専修念仏の禁止と寺院の破却や禅僧の流刑の処分を受けました。しかし、鎌倉時代末期になると新仏教の基盤である民衆の支持が広がる一方で、その母体であった天台宗は衰退します。新仏教自体も信徒の拡大のためには彼らの加持祈祷と現世利益への要求に応ずべく現世の効験のための修法に長じていた密教的要素を取り入れて、現世との宥和を図りました。

仏塔との関係に絞れば、法然は造像・起塔などへの投資を救済の条件とすれば貧窮困乏の人々の道を閉ざすことになるので、これには関与せず、ひたすら称名念仏に専心することが本願である、としています。また、栄西の門下から自立して曹洞宗を開いた道元も造像起塔を仏法興隆と思うのは誤りであるとしています。現在における遺構としては、浄土宗では奈良の吉田寺、愛知の大樹寺に多宝塔がありますが、寺自体がいずれも小規模なものであり、本来の曹洞宗では塔の遺構は皆無であり、法然の弟子・親鸞を開祖とする浄土真宗では起塔の事例はありません。しかし、武士階級の富裕層の支持を受けた臨済宗だけは禅宗様の様式によって鎌倉の円覚寺や京都の東福寺のような大寺院は建造されましたが、仏塔は重視されず、その後曹洞宗に改宗した地方の数寺院（総社市の宝福寺、尾道の天寧寺、生口島の向上寺、上田市別所の安楽寺）に室町時代の遺構として三重塔があるだけです。

鎌倉幕府が滅び南北朝時代になると無窓疎石の活躍により禅宗が後醍醐天皇や足利尊氏の仏教政策に採用され、中国・宋代の制度に倣った五山という官寺制度の発足を促しました。五山の内容は何度か入れ替えられた末、足利義満によって南禅寺を五山の上に据えて京と鎌倉からそれぞれ第一から第五までの寺格が定められました。尊氏・直義兄弟が疎石の提案を入れて元弘の変以来の犠牲者の慰霊のために全国に一寺・一塔（安国寺・利生塔）を設置しましたが、これらが五山派の禅寺に属したことからこの派の隆盛をもたらし、五山文学の風土を醸成しました。

応仁の乱前後から支配体制の支柱であった荘園制が崩壊し、下克上の世相に入ると土一揆が多発するようになりましたが、強力な一揆は信仰による団結を得ていました。真宗の一向一揆と日蓮宗の法華一揆が代表的なものです。前者では越中や加賀でのものを初めとしてその後三河、伊勢長島などで多発、本願寺がらみのものに大小一揆があります。一方、法華一揆は幕府の収税に抵抗して日蓮に帰依する京の町衆が結束した団体が、天文元年に洛中に乱入した一向一揆と対決したものですが、その後天文五年には宗論を口実に叡山派が法華派二十一ヵ寺と交戦して完勝したものが天文法華の乱です。

織田信長の権力伸張に伴って、彼は全国制覇に敵対する武装教団の壊滅に着手しました。彼の手法は徹底的な焼き討ちと殺戮で、叡山に対しては堂塔、仏像、経典を焼尽に帰せしめ、僧俗数千人を殺傷、伊勢長島の一揆では二万人を焼殺、高野山攻撃では廻国の巡礼者千数百人を殺害するなど残忍な掃討作戦を展開しました。

信長の宿願を継いだ秀吉の全国制覇への道に立ちはだかっていたのは家康と高野、根来の武装教団でしたが、小牧・長久手の戦いを和議に持ち込んで、奇襲を狙った長宗我部元親と根来僧兵を反撃して翌年、雑賀《さいが》一揆、熊野、粉河寺《こかわでら》に続いて高野をも平定し、刀狩と検地の施策によって教団の権勢を減殺した後は一転、懐柔策に切り替えました。その施策の代表例が京都の方広寺に奈良の向こうを張って大仏を造営したことですが、それは早くも翌年の大地震により大破しました。

秀吉の病没後、関が原の合戦を制して徳川家康が征夷大将軍となり江戸幕府が開かれました。家康も政策として仏教を活用しました。室町時代以降の禅宗で人事の最高管理職として制定されてきた僧録の地位を相国寺の鹿苑院から南禅寺の金地院に移した崇伝と天台の天海が家康に信任されて幕府の宗教行政に参画し貢献しました。このうち天海は特権を行政よりも関東天台の興隆に振り向け、日光東照宮や上野に東叡山寛永寺を開創しました。幕府の仏教政策には寺院法度《はっと》に始まり寺社奉行の制度、諸宗寺院法度と推移し、さらにキリシタン摘発のための寺請《てらうけ》制度などを制定して仏法興隆と統制を図りましたが、必ずしも成果を見なかったり、次第に法の空洞化を招いたりしました。

江戸時代に創建された仏塔といえば家光の代に天台宗の天海が日光の元四本龍寺（後に満願寺）に隣接して開創した東照宮の五重塔を筆頭として、同じく天海の開創になる上野寛永寺の五重塔、天海の法嗣となった皇弟・守澄法親王が四本龍寺を改称して門跡となった輪王寺の三重塔、その他、家光の寛永期には仁和寺や東寺の五重塔など少なからぬ仏塔が再建されました。

とかく下降推移しやすい施策の中にあって、長期的に隆盛をもたらし続けたのは学問奨励だったでしょう。諸宗派で宗学研鑽のための機関として檀林または学林が設置されて優れた学僧が輩出され、宗典が校訂されましたが、『正法眼蔵《しょうぼうげんぞう》』や『黄檗《おうばく》版大蔵経』が出版され、特に後者は印刷部数が多かったので仏典研究を促進しました。他方で幕府の学問奨励に促されて儒学や国学の研究が盛んになると、この双方から仏教に対して批判の矢が放たれるようになりました。その前提として教団の側に排仏思想を誘発するほどの安逸と堕落が目立ってきていたという実態がありました。寺社造営または修理目的に富籤や債券を募り、やがてはそれが単なる集財行為へと変質するに至りました。教団は不労所得に甘えて安逸を貪り、僧侶の質もおのずと低下しました。儒教からは仏教の出家主義は五倫五常に悖るものとして、国学からは理想化された復古神道の立場で仏教を排撃しました。後者の国家主義的な神道思想が尊皇論を育んで幕末には倒幕の思想的根拠として機能することになりました。復古神道による祭政一致という思想的根拠に基づいて王政復古を図るために従来の神仏習合《なれあい》を廃止する必要上、明治改元に先立ち、太政官の名において神仏分離令が布告されました。しかし、この分離令は誤解されて、一時的でしたが廃仏毀釈《きしゃく》運動へとエスカレートしました。神仏分離の数例を挙げれば、日光の輪王寺から東照宮・二荒山神社が分離され、江戸増上寺や寛永寺では神社関係の建造物が撤去され、逆に羽黒権現や相模の大山や伯耆の大山などの霊山は神社に一本化されました。廃仏毀釈の例としては、松本藩で七十以上の寺が廃寺の処分を受けた外、土佐、薩摩、美濃でも多くの寺が受難に遭い、隠岐では全島民が神道に改宗させられ、富山藩では一派一寺に統合され、佐渡では統合のほか、梵《ぼん》鐘《しょう》や仏具は没収されて大砲や天保銭に改鋳されました。廃仏の難を危うく逃れた例には奈良の興福寺・五重塔などがあります。

日本の仏塔

文明開化が進む近代までは政治権力も人心も信仰による安寧を必要としました。仏塔はいずれも寺院の境内にあって礼拝の対象になっており、信仰と切り離すことはできませんが、ここでは日本を代表する木造建築という見地から、その伝統と美学を展望したいと思います。現存する国内の仏塔で国宝および重文に指定されている数量は約一三〇基です。このうち一基を例外としてそのほかはすべて五重以下の層塔です。できればそれらを残らずここに掲載したいところですが、屋内に納められている小塔は公開されていても撮影禁止であったり、公開されていないものもあり、網羅できないのが現状です。

現在までに国宝および重文の指定を受けているのは江戸末期までで、その後に落成した塔にも優れたものがあるようですが、それらについては今後の成り行きを見守ることになります。

仏塔のルーツはインドのスツーパですが、それが仏教の伝来とともに中国から朝鮮半島を経て日本に伝えられたと想像されているものの、詳しいことは今日まで解明されていません。中国には古塔が一万基ほども残されているそうですが、それらはほとんど塼《セン》（瓦または煉瓦）塔であって、木塔は山西省応県の仏宮寺釈迦塔ただ一基にすぎず、しかもそれは建造年代が十世紀前半（別説では十一世紀中葉）のもので、七世紀末・飛鳥時代の法隆寺五重塔を初めとして奈良・平安時代に亘る日本の木塔の盛んな建立の時期とは相当にずれています。仏教の伝来で最も重要な影響を受けたのはむしろ南北朝から隋・唐の時代で、とりわけ南北朝の塔はほとんどが、隋の塔はすべてが木塔だったといわれていますが、それらは壊滅して今日では一基も残っていません。塔に限らず木造の建造物は地震や強風や落雷などの自然災害の被害を受けやすく、延焼や戦火にも脅かされ、災害や事故以外にも経年変化や腐蝕という宿命も負っています。その上、中国に限らず、緯度が高くなると建築に適した良質の樹林が発育しないので、それらの地域の木塔の寿命はおのずと短命に終わらざるをえません。

朝鮮半島を一瞥しますと、韓国の仏塔の主流は石塔であり、千基以上が現存するといわれています。これに対して塼塔は少数であり、木塔となると現存数は二基のみです。その一基は法住寺捌相殿（五重塔）で、もう一基は雙峰寺大雄殿（三重塔）です。前者は六世紀に創建されたようですが、焼失後、現存するのは李朝時代に再建されたものであり、後者の創建時期は不明であり、一九八四年の焼失後、再建されたものです。中国から朝鮮に伝来した最初期の仏塔は木塔として建造されましたが、中国と類似の理由で壊滅した後、石塔として再建されたようです。

日本国内では談山神社の十三重塔だけが他と異なる甎《えんとう》塔形式ですが、これも含めてすべて木塔なのは、国土が質量ともに建材に適した木材を産出する自然環境に恵まれていたからに違いありません。特に檜材は経年によってむしろ堅牢さを増すことは周知のとおりです。植林は別として檜は福島県以南から台湾にかけてのみ天然分布するということからも、高緯度にあって永い歴史をもつ文明国ではこれを建材として利用する機会はなかったのでしょう。しかし、檜でありさえすれば問題ないというわけではありません。樹齢すなわち建材としての耐久力なのです。法隆寺は一三〇〇年前の創建ですが、これに使われている檜の樹齢は一〇〇〇年から一三〇〇年ものだそうです。今日の日本にはこのような高樹齢の檜は存在せず、木曾あたりの四五〇年ものが最高樹齢だとされています。今後は新たに優れた木塔の建立が望めないばかりか、修復用の適材さえ入手困難と予想され、見えないところには金属で補強されるようになったのもこのためでしょうか。

日本の国宝または重文指定の仏塔を層数で分類しますと（屋内のもの八基を除く）、五重塔が二十二基、三重塔が五十六基、多宝塔が三十八基、大塔が二基、十三重塔が一基、その他三基となります。屋内のものを含めると一三〇基です。この数は今後も新たな指定が加わり増加することが期待されます。これを島嶼別では佐渡に五重塔一基、四国に大塔と三重塔各一基、宮島に五重塔と多宝塔各一基、その他は本州に集中しています。そして特徴的な形状のものとしては、まず長野・別所にある八角三重塔の安楽寺、六階式三重塔の奈良・薬師寺東塔です。これは六階に見えますが、各重の下に出ているのは裳階《もこし》といわれるもので、三重をなす軒より一回り小ぶりになっています。その他の変り種としては、山形の立石寺三重小塔は岩屋に収められていて、目の細かい格子付きのガラス戸で遮蔽されていますから、肉眼ではおよその形姿は伺えるものの、カメラでの撮影は困難です。これに対して奈良の海竜王寺の五重小塔は格子戸付きの小屋に収められていますが、格子の目がレンズの入る大きさです。

　立地別に見ますと、大体は平地に建てられていますが、例外的には山上にあったり、特例として一基だけですが谷間にもあります。その谷間のものというのは、羽黒山五重塔です。神社そのものは標高四百メートル余りの尾根筋にありますが、塔だけが高差三百メートルほど低い羽黒（手向）の車道からさらに数十メートル下った祓川の谷筋の樹林帯です。これに対して山上の塔は少なくありません。最高所のものは山陰線の八鹿《ようか》から入山する千メートルを超える妙見山（一一四二メートル）の山頂近くに立地する名草神社三重塔です。二番目の高所に建つのは約八〇〇メートルの台地に広がる高野山の寺院群の一つである金剛三昧院多宝塔、三番目は金胎寺多宝塔で、これは関西線の加茂から信楽に至るバス路線で和束《わづか》から登路がある鷲峰《じゅぶ》山《せん》（六八五メートル）の山頂付近に位置しています。次に山の中腹のものを列挙しますと、山形の立石寺三重小塔、茨城の富谷山中の小山寺三重塔、栃木の益子にある西明寺三重塔、日光東照宮の五重塔、岐阜の武儀にある日竜峯寺多宝塔、先の金胎寺へ連なる山稜を南下した三上山（四七三メートル）中腹の海住山寺、滋賀・安土の摠見寺と近江八幡の長命寺の各三重塔、京都・大阪の府界尾根上の釈迦岳（六三一メートル）中腹の善峰寺、同じ尾根を南下して天王山中腹の宝積寺、広島・尾道の三塔のうち天寧寺は急斜面の中段にあり、西国寺へは長い石段を登らねばなりません。同県・生口島の向上寺へも長い石段が控えています。その他、奈良の談山神社や室生寺、岡山・備前の大滝山や津山線の弓削に近い本山寺、そして最後に四国・徳島の切幡寺大塔などが挙げられます。

　仏塔の建築様式について一言触れる必要があるでしょう。仏塔は仏教とともに伝来した建築ですから、これが日本の風土や素材にあった様式や工法にたどり着くには長期の淘汰が必要とされます。五重塔で見ると、最古の遺構である法隆寺のものは飛鳥または白鳳建築ですが、二番目に古い遺構はこれより二五〇年以上も後の藤原初期建築である京都の醍醐寺です（落慶年が未確定で小型の室生寺五重塔は、比較の対象外とします）。この二つの遺構は外観も工法も異なっており、同一様式に組み入れることはできません。この間に創建された多層塔は天平期の興福寺五重塔や国分寺としての東大寺に創建された七重塔を初めとして数え切れないほど多数に上るはずですが、主因は火災によってすべてが失われました。そして三番目に古い遺構は少なくとも三度の焼失後、室町時代の一四二六年に再建された興福寺五重塔です。すでに十二世紀末に禅宗寺院の開山に伴い南宋から禅宗様（唐様）と天竺様（大仏様）が伝えられて建築様式が多様化しましたが、再建された興福寺の五重塔は和様の典型とされています。これは法隆寺から再建された興福寺まで七百数十年の経過の間に失われても失われても無駄のないより簡素で強固でかつ美的な工法を求めて磨き上げられた和様の結晶といえるでしょう。和様が四角張った感じなのに対し、禅宗様は外観に限れば、軒先の反りあがりや火灯窓、桟唐戸など一見して曲線的で柔らかい感じを与えます。禅宗様は和様と並んでその後も定着しましたが、東大寺再興に採用された天竺様は普及するに至りませんでした。戦国時代にも造塔の例がありますが、江戸幕府の仏教政策の恩恵に浴して仏塔の再建や新築が増加しました。その筆頭に挙げられるのは京都・東寺の五重塔でしょう。これは時代離れした和様の重厚な塔ですが、その他の江戸期の塔の特徴はまず第一に細身なことです。東寺の塔のように和様のものもありますが、概して様式が混用されて規定しにくいものが多く、様式規定が必要であれば、江戸風とでもするほかないでしょう。

なお、多宝塔に関しては、愛知県内の数塔と茨城の来迎院および京都の常寂光寺以外はほぼ和様です。

木塔の構造について

土台は別として、初重の下部は基壇か縁かのいずれかです。初めは基壇上に初重を据える慣わしでしたが、平安末期からは縁を設けるのが一般化しました。ただし、禅宗様の塔では縁に載せず、土間床にするのが流儀でしたが、例外はあります。

柱はすべて円柱です。時代により、あるいは個々の差はあるにせよ、上層になるに連れ横幅が低減し、柱の本数も減りますから、初重に限れば、一本の心柱《しんばしら》（初重には通さない事例あり）、四本の四天柱《してんばしら》と十二本の側柱《がわばしら》の構成です。この三種の柱のうち、通し柱は心柱だけです。通し柱とはいえ、心礎上に立つものばかりではなく、初重天井の上部に設けられた梁上に立つもの、あるいは下部先端を固定せず、浮かして上部から鎖で吊るものもあります。心柱の上部は相輪の中に差し込まれていますが、相輪が傾いたり倒れたりするのを防ぐのが第一の役割のようです。相輪はその最下部の露盤に載っていて、その荷重は露盤から屋根へと伝えられます。建物と心柱とでは経年変化による収縮に差があり、建物の方が収縮幅が大きいようです。そのため心柱の下部が固定されていると、心柱が相輪を突き上げて屋根との間に隙間が生じて雨水が浸入します。実際この被害を受けた例は少なくありません。四天柱も側柱もその長さは各重の高さに応じたもので、各重の柱の上に肘木や垂木や丸桁《がぎょう》などを組んで天井部分を形成し、その上に柱盤を設けて上層の柱を立てる工法を重ねます。重量のある庇部分の支点となっている大斗《たいと》や巻斗や鬼斗などは建物の揺れを天秤のような動きに変じて吸収する柔構造の先端部分であり、この動きに対応するのが垂木と桁や梁との結合組織です。もし初重が左へ傾くならば、二重の左は押し上げられて右へ傾くというように、全体が一体となって一方向へ傾いて平衡を失うのではなく、各重が順次別方向へ傾くことで重心が移動せずに残る構造です。中空に浮いている心柱は各重が一定以上に傾くと、心柱に最も接近した構造材である繋肘木などに衝突して揺れを抑制する働きをします。以下に柱の配置と相輪の構成と塔の初重および二重の外観上の構造図を示します。塔は和様の例として福山の明王院の五重塔を、和様と禅宗様とが両用されている例として厳島神社の五重塔を選びました。

◆◆◆ 参考文献 ◆◆◆◆◆◆◆◆◆◆◆◆◆◆◆◆◆◆◆◆◆◆◆

1 浜島正士編『日本の美術　第１５８号　塔の建築』、至文堂、昭和五四年七月。

2 浜島正士・藤本四八著『日本の塔（平凡社カラー新書１３６）』一九八〇年一〇月。

3 上田篤編『五重塔はなぜ倒れないのか（新潮選書）』新潮社、一九九六年二月。

4 西岡常一著『木に学べ（第一二刷）』小学館、一九九〇年五月。

5 平川彰著『仏教通史（新版第一刷）』春秋社、二〇〇六年二月。

6 石田瑞麿著『日本仏教史（〈岩波全書３３７・第七刷〉）』二〇〇七年三月。

7 丸山二郎著『教授史料・日本史要説』吉川弘文館、昭和二五年五月。

8 中村元監修『新・佛教辞典（第三版）』誠信書房、平成一八年五月。

9 『総合仏教大辞典　上・下』法蔵館、一九八七年一一月。

10 『岩波講座　日本歴史（全２３巻、第４次発行分）』岩波書店、一九七一年五月。

11 国指定文化財等データベース。

12 ネット情報としてウィキペディアその他。

柱の配置（二層平面）と相輪の構成（清水寺）

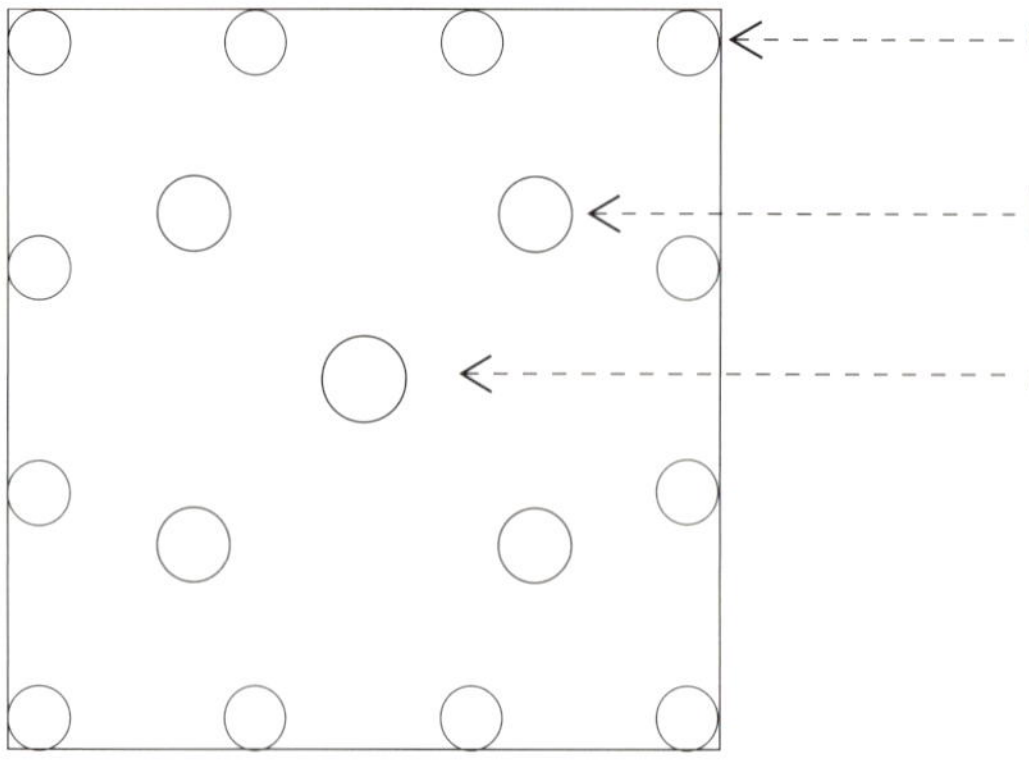

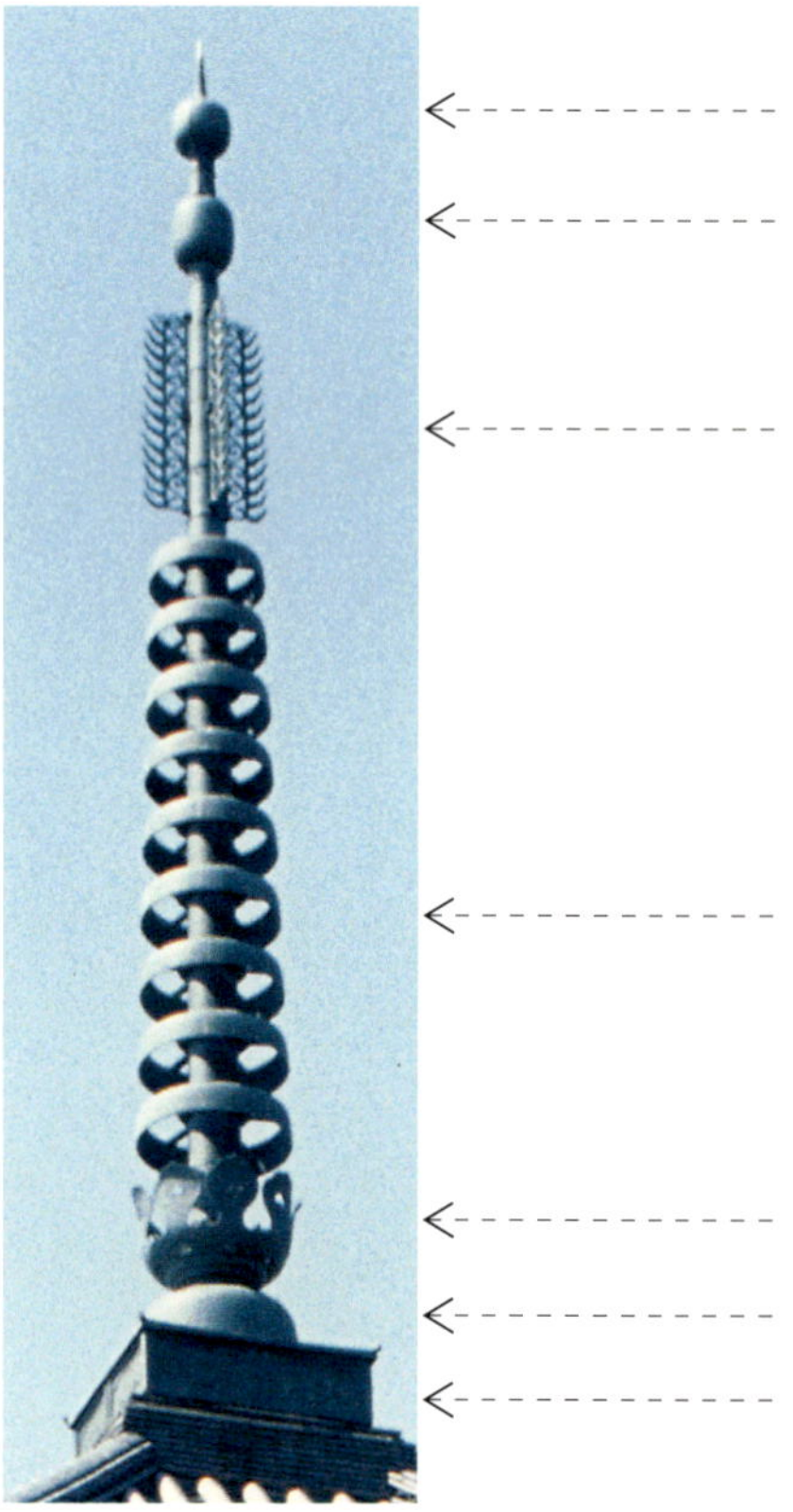

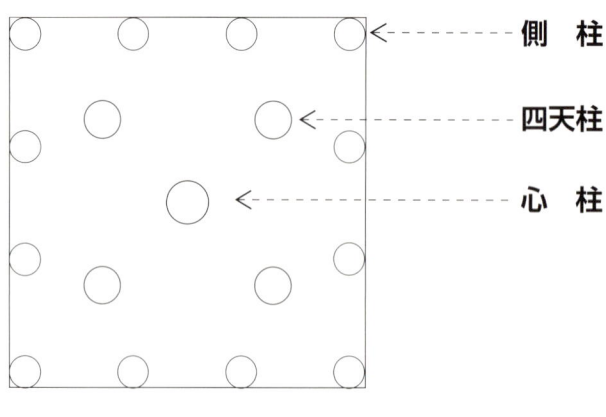

明王院（和様）の外観

飛檐隅木
地隅木
丸桁
実肘木
三手
尾垂木
(三手先)
二手
手先肘木
巻斗
大斗
一手
枅肘木
鬼斗
通肘木
枠肘木
台輪
中備
内法長押
連子窓
板扉
腰長押
地長押
縁

厳島神社（禅宗様系）の外観

東北
北関東
上越
佐渡

日本最北端の五重塔。山号「金剛山光明寺」。『金光明最勝王経』が院名の由来。本尊・猫突不動明王。
明治維新の神仏分離令の際、12ヵ寺あった寺町より廃寺となった大円寺跡へ移転し、そこの五重塔を譲り受けた。寺町の他の寺も廃寺となった。

1 最勝院

◎宗派——真言宗智山派
◎落慶年代——江戸初期
◎落慶年——一六六六(寛文六)年
◎重層形式——五重
◎国宝・重文—重文

◎指定年月——一九〇八年四月
◎様式・特徴——朱塗◆初重▽中備《なかぞなえ》すべてを蟇股《かえるまた》とし、十二支の文字◆銅板とこけらの合わせ葺
◎寺院本尊所在地—青森県弘前市大字銅屋町(弘前からバス▽「本町」下車、または徒歩)

2
輪《りん》王《のう》寺

◎宗派――天台宗
◎落慶年代――江戸初期
◎落慶年――一六九〇（元禄三）年
◎重層形式――三重
◎国宝・重文――重文（本尊▽阿弥陀如来、千手観音、馬頭観音）

◎指定年月――一九七三年六月
◎様式・特徴――朱塗◆銅瓦葺◆初重中備のすべての蟇股に十二支の彫刻
◎寺院本尊所在地――栃木県日光市山内（「日光」から徒歩またはバス）

日光開山第一の寺四本龍寺の一角で、神橋の手前を右に上った寂れた場所に建つ。

3

乙《おっ》宝《ぽう》寺

◎宗派――真言宗智山派
◎落慶年代――江戸初期
◎落慶年――一六二〇（元和六）年
◎重層形式――三重

◎国宝・重文――重文
◎指定年月――一九二三年三月
◎様式・特徴――純和様◆こけら葺
◎寺院本尊所在地――新潟県胎内市乙《きのと》（「坂町」または「平木田」からタクシー。三四頁に略図あり）

聖武天皇の勅願で行基等の草創との伝説。旧国宝の木造・大日如来、阿弥陀如来、薬師如来各坐像は昭和 12 年の火災で焼失。

修験道で知られる天台宗と真言宗からなる無本寺の一山であったが、明治維新の神仏分離後、月山、出羽、湯殿山の三神社の外、修験として四寺院が残っている。

4 羽黒山

◎宗派――出羽三山神社の所属
◎落慶年代――南北朝
◎落慶年――一三七七（永和三）年
◎重層形式――五重

◎国宝・重文――国宝
◎指定年月――一九六六年六月
◎様式・特徴――純和様◆こけら葺◆素木
◎寺院本尊所在地――山形県鶴岡市羽黒町手向（「鶴岡」からバス）

祖師阿佛房は日蓮が佐渡へ流罪となったとき、聖人に給仕し、迫害からの守護役を務め、その後、三度まで身延山に参詣したことが注目されて弟子として日得上人の名を贈られた。

5

妙宣寺

◎宗派――日蓮宗
◎落慶年代――江戸後期
◎落慶年――一八二五（文政八）年
◎重層形式――五重

◎国宝・重文――重文
◎指定年月――一九八六年十二月
◎様式・特徴――和様、禅宗様混用◆桟瓦葺
◎寺院本尊所在地――新潟県佐渡市阿仏坊（両津からバス▽「竹田橋」下車）

6 東照宮

◎落慶年代――江戸後期
◎落慶年――一八一八(文政元)年▽上棟
◎重層形式――五重
◎国宝・重文―重文
◎指定年月――一九〇八年八月

◎様式・特徴――和様＋禅宗様◆銅瓦葺◆初重中備のすべての蟇股に十二支の彫刻◆心柱は鎖で吊って心礎から浮かされている。
◎寺院本尊所在地―栃木県日光市山内（「日光」から徒歩またはバス）

7 西《さい》明《みょう》寺《じ》

◎**宗派**――真言宗豊山派
◎**落慶年代**――戦国時代
◎**落慶年**――一五三八（天文七）年
◎**重層形式**――三重
◎**国宝・重文**―重文（本尊▽十一面観世音菩薩）
◎**指定年月**――一九〇八年八月
◎**様式・特徴**――屋根▽急勾配、堅板形銅板葺◆初重中央に独特な蟇股
◎**寺院本尊所在地**―栃木県芳賀郡益子町益子（「益子」から徒歩またはタクシー。三四頁に略図あり）

他に宇都宮から益子行きの東野交通バスがある。駅からは陶器の窯元や商店が並ぶ町並みを一キロほどたどり、右折して高館山（302メートル）方面へ徐々に上って行く。

8 小《お》山《やま》寺《でら》

◎宗派———天台宗
◎落慶年代——室町時代
◎落慶年———一四六五（寛正六）年
◎重層形式———三重
◎国宝・重文—重文（本尊▽十一面観音坐像）

◎指定年月———一九〇六年四月
◎様式・特徴———禅宗様◆とち葺◆頭貫に木鼻◆初重中央の中備は蟇股、脇間には蓑束
◎寺院本尊所在地—茨城県桜川市富谷（旧岩瀬町。「岩瀬」から徒歩二・五キロ。三四頁に略図あり）

駅前から益子方面行きのバスを途中まで利用できるが、本数が少ない。車道を上ってからさらに参道を上る。

聖武天皇の勅願で行基が開基。別名「富谷観音」。

9 金《かな》鑚《さな》神社 ◀

◎**落慶年代**―戦国時代▽天文年間
◎**落慶年**―一五三四（天文三）年
◎**重層形式**―多宝
◎**国宝・重文**―重文
◎**指定年月**―一九一二年二月

◎**様式・特徴**―和様◆木造亀腹◆こけら葺
◎**寺院本尊所在地**―埼玉県児玉郡神川町二ノ宮（八高線「丹荘」からバス▽「新宿」から徒歩）

10 来《らい》迎《ごう》院 ▶

◎**宗派**―天台宗
◎**落慶年代**―戦国時代
◎**落慶年**―一五五六（弘治二）年以前
◎**重層形式**―多宝
◎**国宝・重文**―重文
◎**指定年月**―二〇〇六年十二月

◎**様式・特徴**―禅宗様◆こけら葺
◎**寺院本尊所在地**―茨城県龍ヶ崎市馴馬町（コミュニティバスあり。関東鉄道、竜ヶ崎線の入地駅▽竜ヶ崎駅間の車窓から進行方向左手に見える）

11 立《りっ》石《しゃく》寺 ◀

◎宗派―天台宗
◎落慶年代―戦国時代▽永正年間
◎落慶年―一五一九(永正十六)年
◎重層形式―三重小塔
◎国宝・重文―重文(本尊▽薬師如来)

◎指定年月―一九五二年七月
◎様式・特徴―朱塗◆洞窟内奥◆こけら葺◆ガラス格子戸
◎寺院本尊所在地―山形県山形市大字山寺(仙山線「山寺」下車)

12 慈《じ》光《こう》寺開山塔 ▶

◎宗派―天台宗
◎落慶年代―戦国時代▽弘治年間
◎落慶年―一五五六(弘治二)年
◎重層形式―宝塔
◎国宝・重文―重文(本尊▽千手観音)

◎指定年月―一九五三年八月
◎様式・特徴―覆屋内◆木造
◎寺院本尊所在地―埼玉県比企郡ときがわ町(旧都幾川村)大字西平(八高線「明覚」からバス▽「西平」から徒歩)

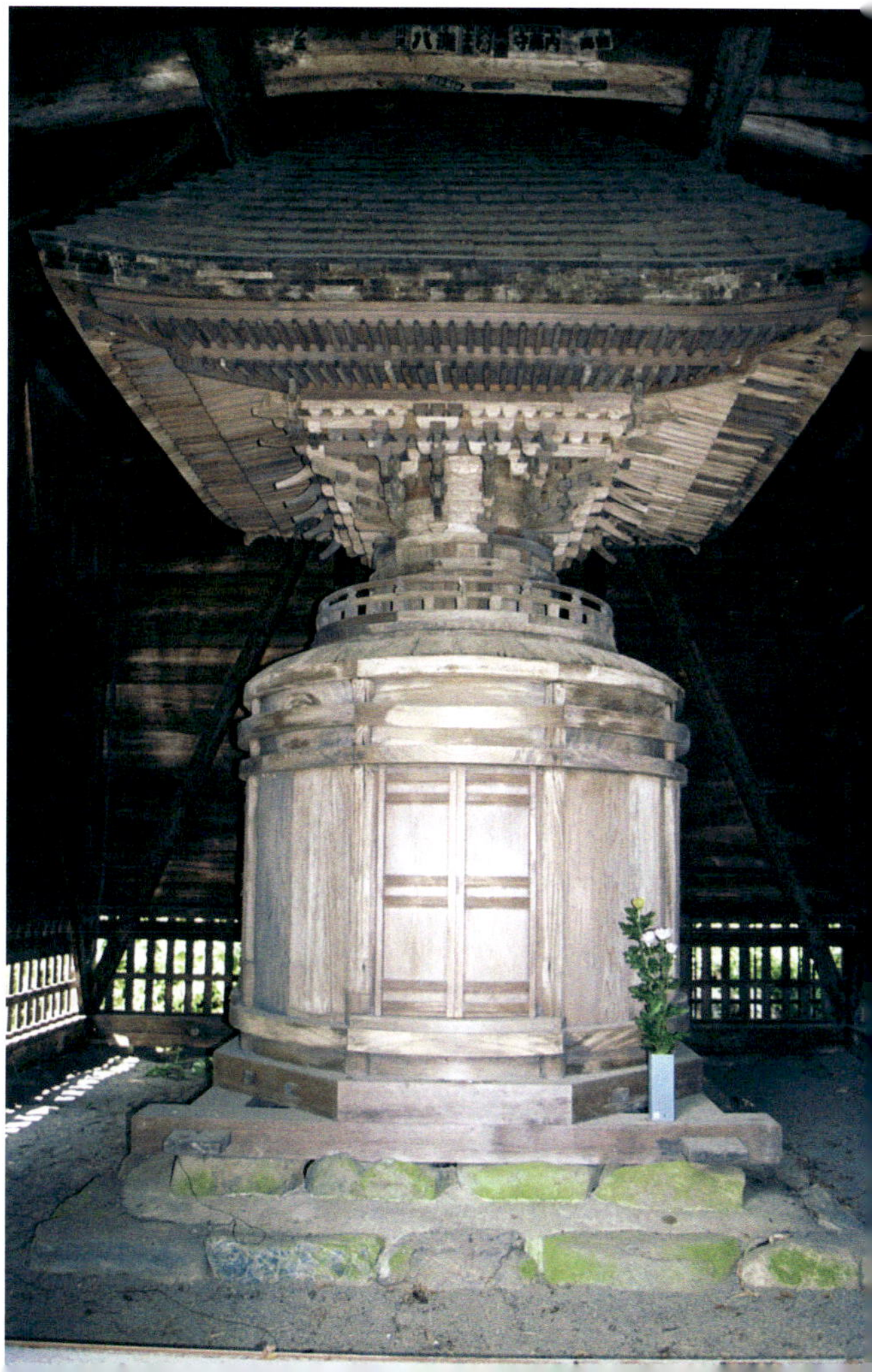

乙宝寺への略図

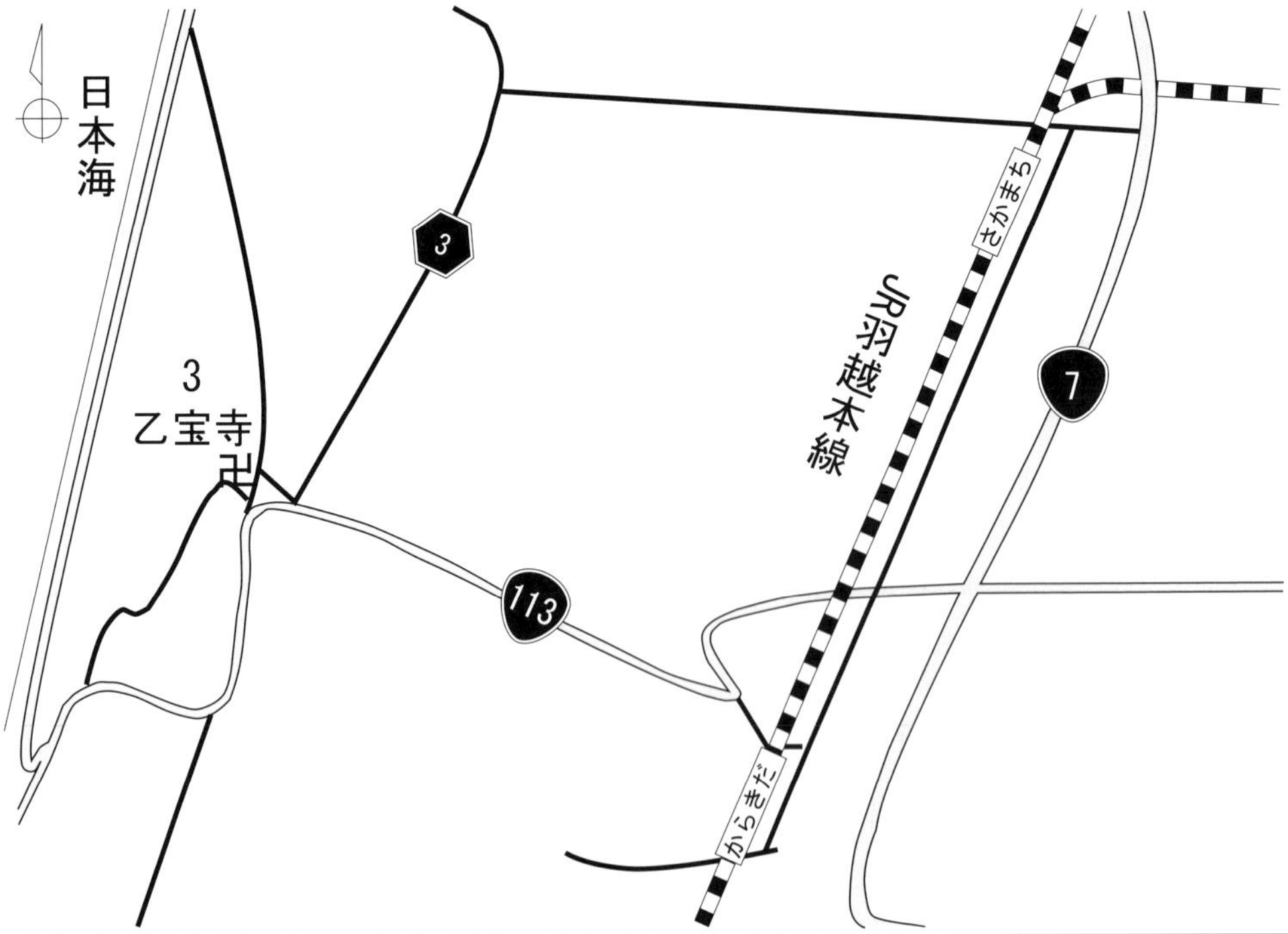

西明寺・小山寺への略図

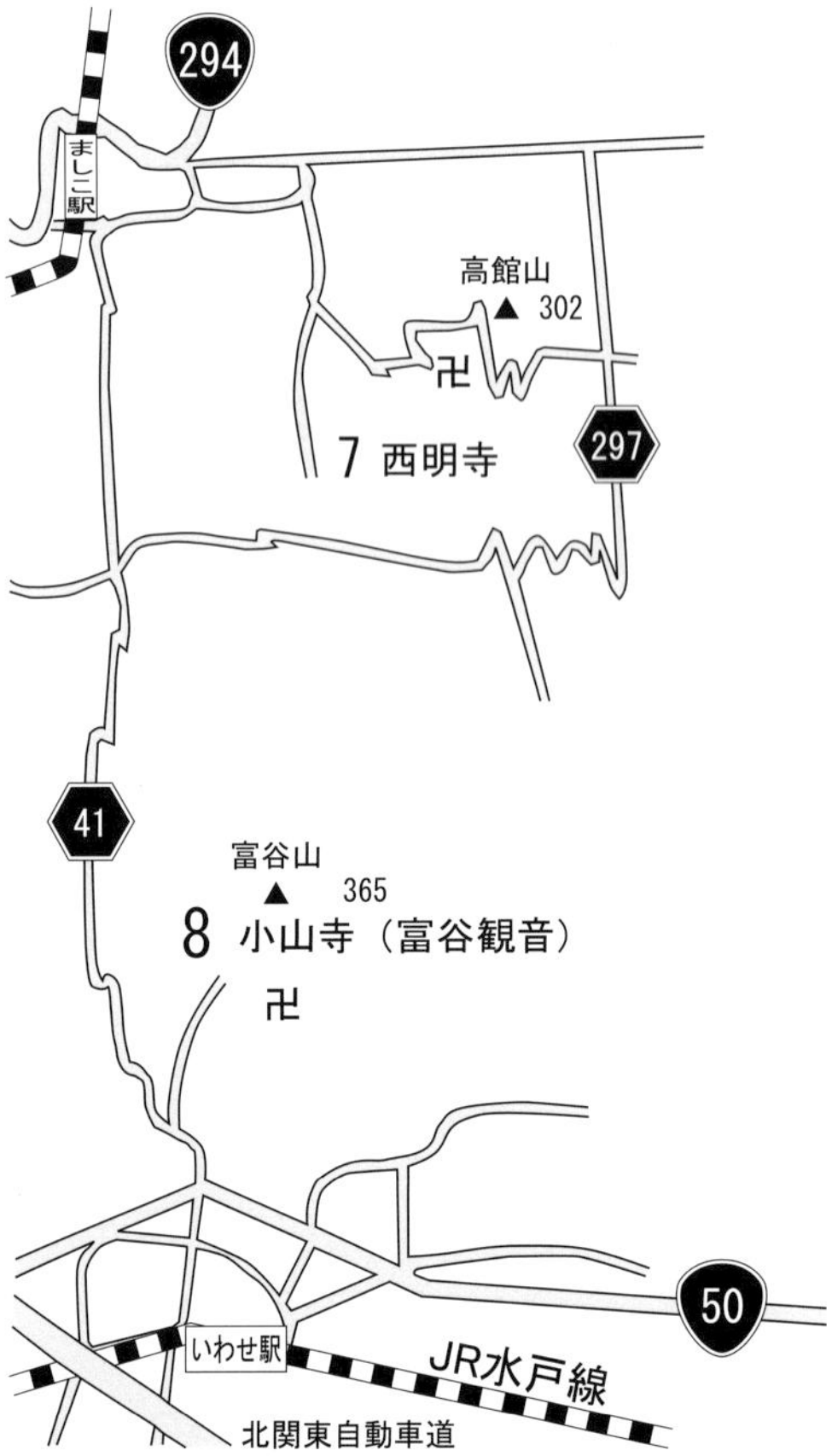

関東南部

静岡

長野

寺は亀山天皇の文応年間の開創だが、造塔は同宗派の妙成寺などのように加賀の前田家の寄進による。

13

法華経寺

◎宗派――日蓮宗
◎落慶年代――江戸初期
◎落慶年――一六二二（元和八）年
◎重層形式――五重

◎国宝・重文――重文（本尊▽日蓮大聖人、鬼子母神）
◎指定年月――一九一六年五月
◎様式・特徴――和様◆瓦棒銅板葺◆中備には主に蓑束、一部に撥束
◎寺院本尊所在地――千葉県市川市中山（「下総中山」から徒歩）

14

新《しん》勝《しょう》寺

◎宗派――新義真言宗智山派
◎落慶年代―江戸中期
◎落慶年――一七一二(正徳二)年
◎重層形式――三重

◎国宝・重文――重文
◎指定年月――一九八〇年五月
◎様式・特徴――彫刻◆彩色◆銅板葺
◎寺院本尊所在地―千葉県成田市成田(「成田」から徒歩)

本尊は不動明王、もと京都の神護寺の像で、平将門の乱平定が祈願された。この像が江戸時代に成田山に移され、参詣人の数で全国屈指の寺院となった。

15 油《ゆ》山《さん》寺

◎宗派————真言宗
◎落慶年代——江戸初期
◎落慶年————一六一一(慶長十六)年
◎重層形式——三重

◎国宝・重文————重文(本尊▽薬師如来)
◎指定年月————一九五四年九月
◎様式・特徴————和様◆朱塗◆銅板葺◆各重中央間のみ中備
◎寺院本尊所在地—静岡県袋井市村松(袋井から「細谷」▽タクシーまたは徒歩六キロ。四八頁に略図あり)

医王山薬王院油山寺。開山・行基。
目の霊山として知られる。12世紀末に頼朝が眼病全快の謝礼として塔を寄進。現存のものは江戸初期の再建。

宗祖日蓮は安房で生まれ、1282年にここ池上で入寂。塔は創建から約百年後に現在地に移築された。

16

本門寺

◎宗派——日蓮宗
◎落慶年代——江戸初期
◎落慶年——一六〇八（慶長一三）年
◎重層形式——五重

◎国宝・重文——重文（初、二重▽本瓦葺、三、四重▽瓦棒銅板葺、五重▽銅瓦葺◆本尊▽釈迦牟尼像、四菩薩）
◎指定年月——一九一一年四月
◎様式・特徴——初重和様、十二支の彫刻入り蟇股◆他は禅宗様
◎寺院本尊所在地——東京都大田区池上（「池上」から徒歩）

山号・大日蓮華山。本弟子六僧老のうち日興の開基。

17

大《たい》石《せき》寺

◎宗派——日蓮正宗
◎落慶年代——江戸中期
◎落慶年——一七四九(寛延二)年
◎重層形式——五重

◎国宝・重文——重文
◎指定年月——一九六六年六月
◎様式・特徴——和様◆朱塗◆初重に十二支の彫刻入り蟇股
◎寺院本尊所在地—静岡県富士宮市上条(「富士宮」からバス)

18

旧寛永寺

◎**宗派**――――天台宗
◎**落慶年代**――江戸初期
◎**落慶年**―――一六三九（寛永十六）年
◎**重層形式**――五重
◎**国宝・重文**―重文

◎**指定年月**――――一九一一年四月
◎**様式・特徴**―――和様◆本瓦葺◆五重のみ銅瓦葺。初重に十二支の彫刻入り蟇股。
◎**寺院本尊所在地**―台東区上野公園（現在は上野動物園の管理下にあり、正門の西隣）

聖武天皇の勅願寺だった京都の燈明寺から本堂とともに大正３年に移築された。三渓園は外苑と内苑に区分されており、その移築は外苑が公開された明治39年（1906）以後のこと。

19 旧灯《とう》明《みょう》寺

◎落慶年代――室町時代
◎落慶年――一四五七（康正三）年
◎重層形式――三重
◎国宝・重文―重文

◎指定年月――一九三一年十二月
◎様式・特徴――純和様◆本瓦葺
◎寺院本尊所在地―神奈川県横浜市中区本牧三之谷（本牧三溪園内）

20

新《しん》海《かい》三《さん》社《じゃ》神社

◎落慶年代—戦国時代
◎落慶年———一五一五（永正一二）年
◎重層形式—三重

◎国宝・重文———重文
◎指定年月———一九〇七年八月
◎様式・特徴———こけら葺
◎寺院本尊所在地—長野県佐久市田口（旧臼田町。「臼田」から徒歩四キロ）

21 安楽寺

◎宗派――曹洞宗
◎落慶年代――鎌倉後期（推定）
◎落慶年――未確定
◎重層形式――三重

◎国宝・重文――国宝
◎指定年月――一九五二年三月
◎様式・特徴――禅宗様◆初重裳階◆こけら葺
◎寺院本尊所在地――長野県上田市別所温泉（四八頁に略図あり）

延暦寺第三世座主・円仁が建立した三楽寺の一。八角三重塔は国内唯一のもの。禅宗の本尊は釈迦如来のところを、八角塔内部には大日如来が安置。

22 国分寺

◎宗派——天台宗
◎落慶年代——室町後期
◎落慶年——未確定
◎重層形式——三重

◎国宝・重文——重文（本尊▽薬師如来）
◎指定年月——一九〇七年八月
◎様式・特徴——和様◆銅板葺
◎寺院本尊所在地——長野県上田市国分（「信濃国分寺」から徒歩五分）

天平年間に聖武天皇が除病延命と五穀豊穣を祈願して全国に69の金光明四天王護国之寺（国分寺）の建立を詔勅し、完成を促進するために寺に特権を与えたが、事業は永続せず、今日では二寺を例外として遺址だけが残る。この国分寺も例外の一つとはいえ、かつての信濃国分寺とは別物。山号なし。

藤原鎌足の子・定恵が開基。「見返りの塔」の愛称。
別所温泉付近の数塔とは山並みを隔てている。

23 大《だい》法《ほう》寺

◎宗派——天台宗
◎落慶年代——鎌倉末期
◎落慶年——一三三三(正慶二)年
◎重層形式——三重

◎国宝・重文——国宝(本尊▽釈迦如来)
◎指定年月——一九五三年三月
◎様式・特徴——純和様
◎寺院本尊所在地—長野県小県郡青木村当郷(「上田」からバス▽「当郷」下車(四八頁に略図あり)

弘仁３（812）年に空海が護摩修行の道場として開山、鎌倉時代に現在地に移設された。

24 前《ぜん》山《ざん》寺

◎宗派――真言宗智山派
◎落慶年代――室町後期
◎落慶年――未確定
◎重層形式――三重

◎国宝・重文――重文（本尊▽大日如来）
◎指定年月――一九二三年四月
◎様式・特徴――未完◆こけら葺
◎寺院本尊所在地――長野県上田市前山（「別所温泉」からバス。四八頁に略図あり）

油山寺への略図

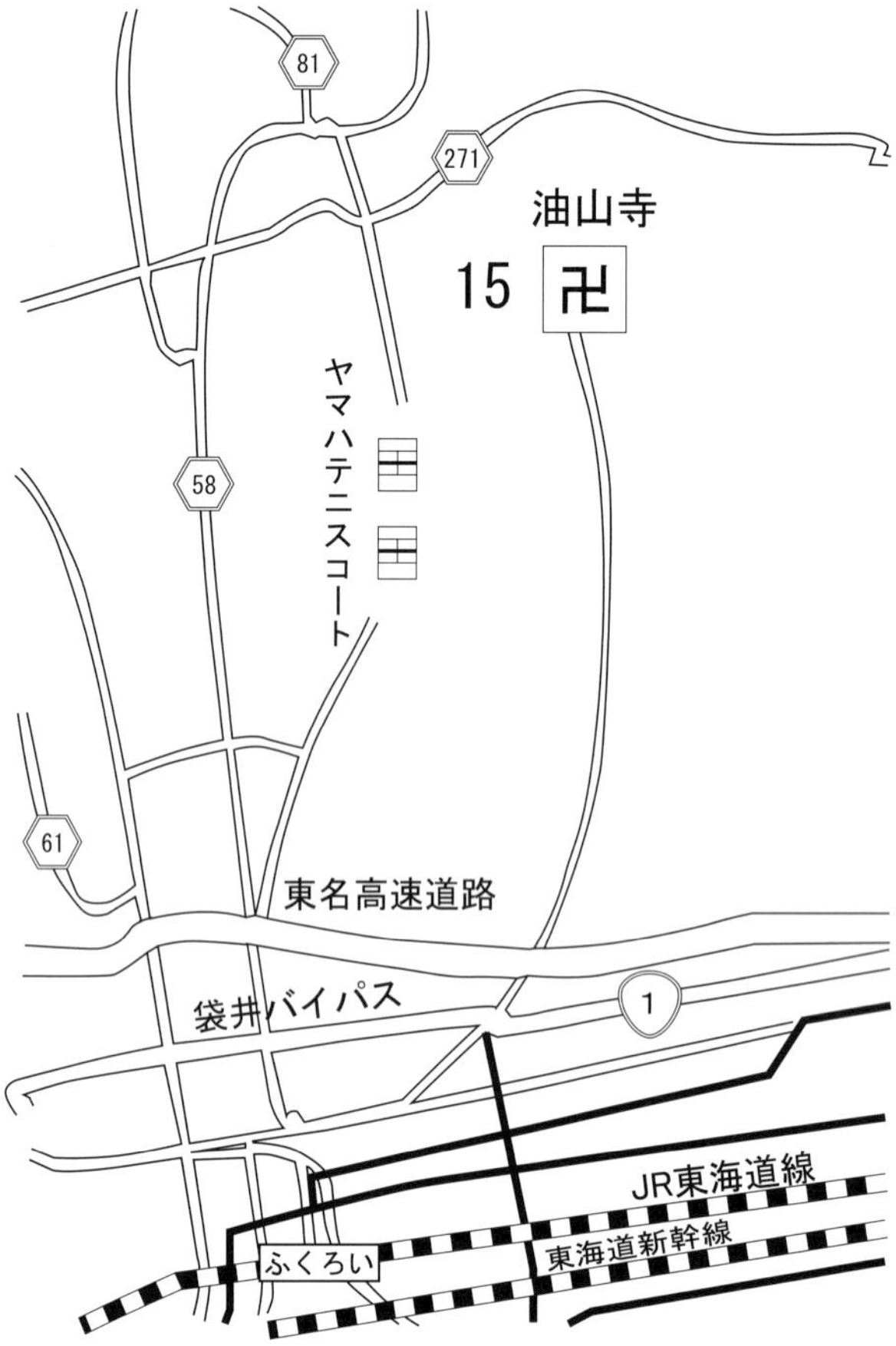

安楽寺・大法寺・前山寺への略図

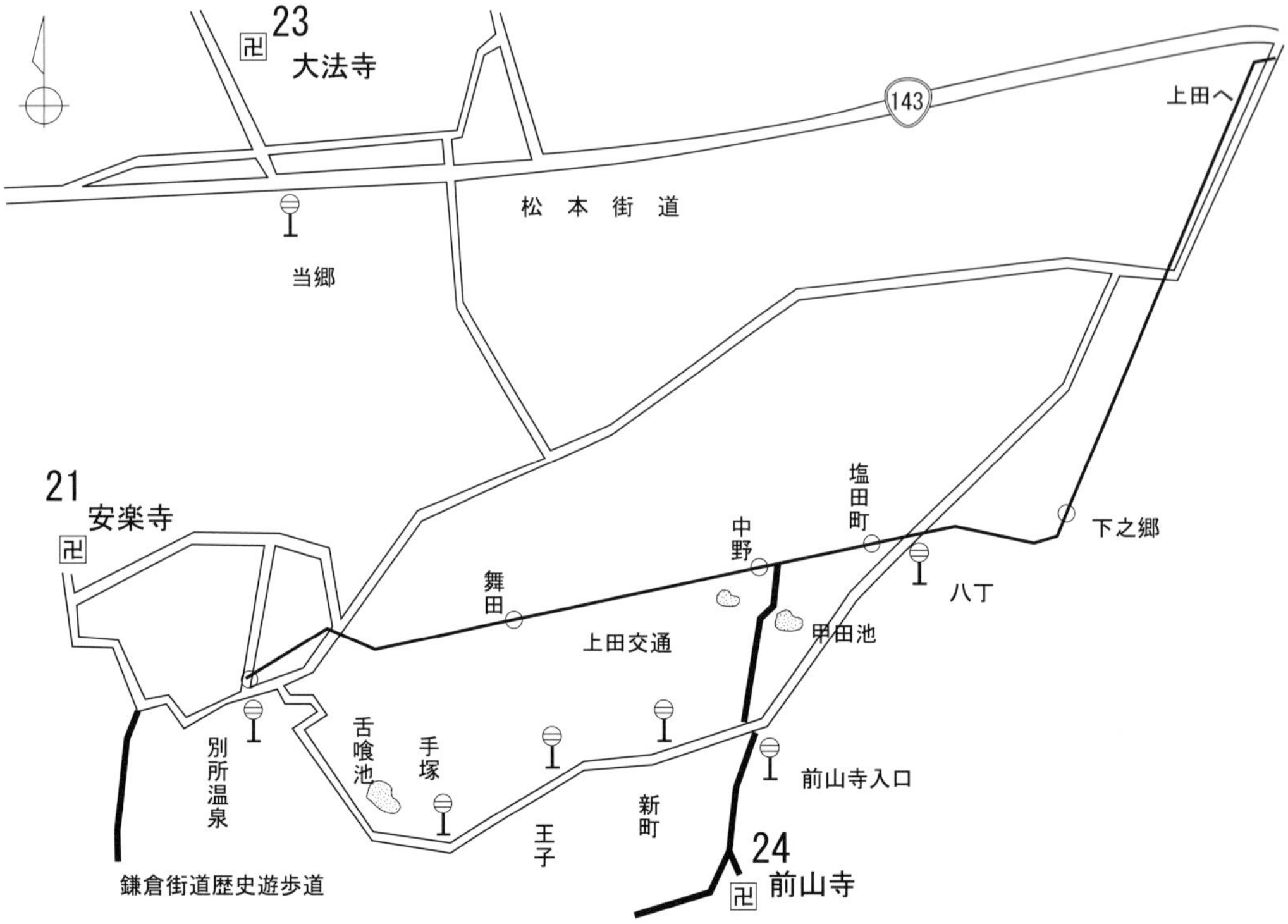

愛知
岐阜

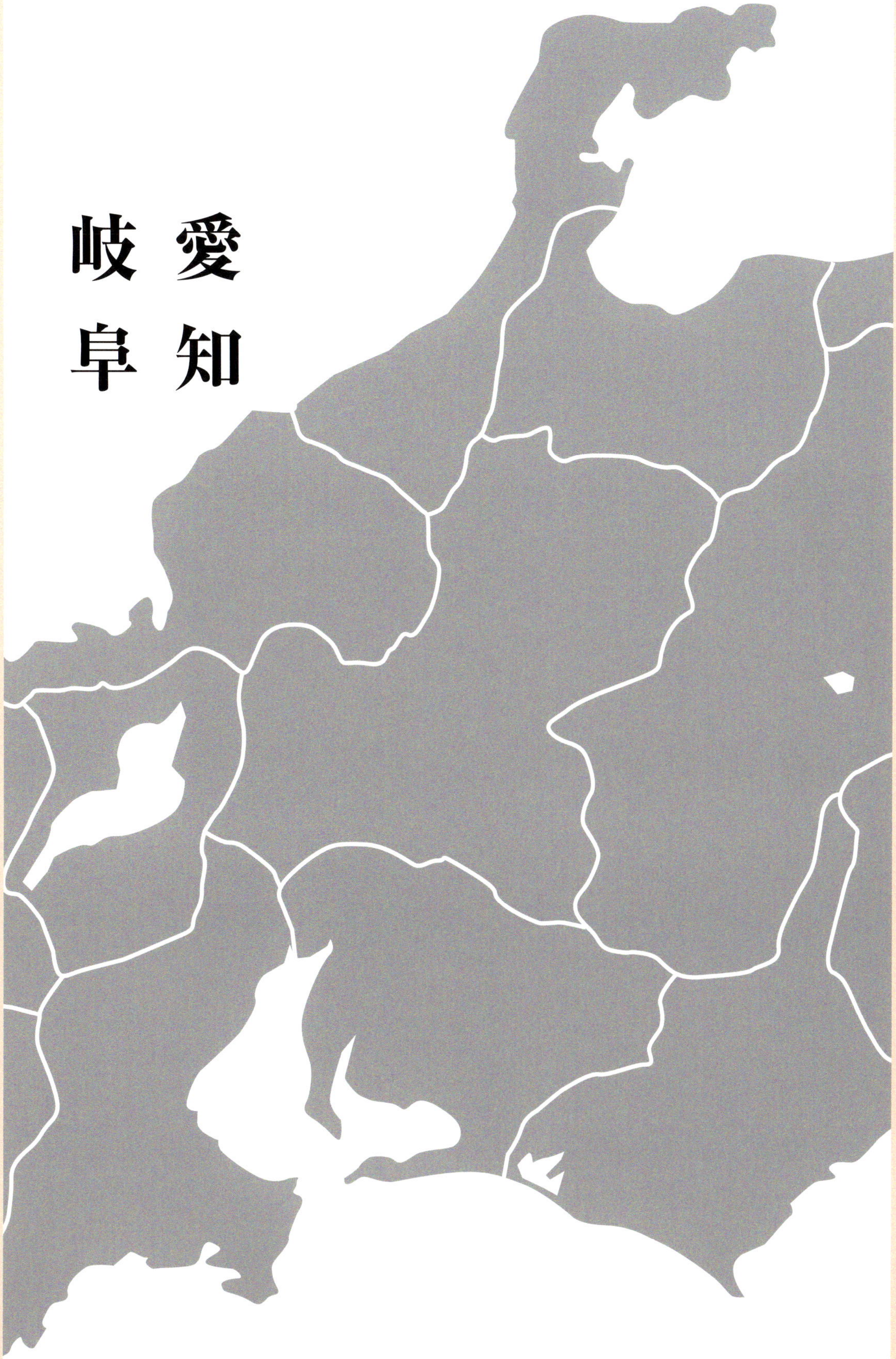

25

真禅院

◎宗派——天台宗
◎落慶年代——江戸初期
◎落慶年——一六四二(寛永一九)年
◎重層形式——三重

◎国宝・重文——重文(本尊▽阿弥陀如来)
◎指定年月——一九七七年六月
◎様式・特徴——近世的手法◆本瓦葺◆初重各間に蟇股
◎寺院本尊所在地——岐阜県不破郡垂井町宮代(「垂井」から徒歩一・五キロ)

開基・行基。関ヶ原の合戦で消失後、家光により再建された。新幹線の車窓から山麓に望める。この塔は1キロほど離れた南宮神社にあったものを明治の神仏分離でこちらへ移築された。擬宝珠高欄、中央間板唐戸、脇間連子窓、中備は三間ともに蟇股。

26

三《さん》明《めい》寺

◎宗派――曹洞宗
◎落慶年代――戦国時代
◎落慶年――一五三一（享禄四）年
◎重層形式――三重

◎国宝・重文――重文（本尊▽千手観音）
◎指定年月――一九〇七年五月
◎様式・特徴――和様＋禅宗様◆こけら葺
◎寺院本尊所在地――愛知県豊川市豊川町波通（「豊川稲荷」から徒歩一キロ以内）

山号「吉田山」、通称「吉田《きった》観音」。

27 新長谷寺《ちょうこくじ》

◎宗派――――真言宗智山派
◎落慶年代――室町時代
◎落慶年――――一四六三（寛正四）年
◎重層形式――――三重
◎国宝・重文―重文（本尊▽十一面観世音菩薩）

◎指定年月――――一九〇九年四月
◎様式・特徴――――和様◆檜皮葺◆中備に中央間蟇股、脇間蓑束
◎寺院本尊所在地―岐阜県関市長谷寺町（「関」から徒歩、刃物の商店街を通り抜ける。名古屋方面からはバス利用が便利。六一頁に略図あり）

推古天皇の創建。山号「鳳凰山」。

28

甚《じ》目《もく》寺

◎宗派――真言宗智山派
◎落慶年代――江戸初期
◎落慶年――一六二七（寛永四）年
◎重層形式――三重

◎国宝・重文――重文（本尊▽聖観世音菩薩）
◎指定年月――一九五三年十一月
◎様式・特徴――和様◆本瓦葺
◎寺院本尊所在地――愛知県海部郡甚目寺町甚目寺東門前（「甚目寺」下車すぐ）

戦国時代初期に斎藤利綱が建立し、天正13（1585）年に稲葉一鉄が修造した。組物は三手先、軒は二軒繁垂木。

29 日吉神社

◎落慶年代——戦国時代

◎落慶年——一五一〇年前後（永正年間）

◎重層形式——三重

◎国宝・重文—重文

◎指定年月——一九一四年四月

◎様式・特徴——室町時代後期の手法◆檜皮葺

◎寺院本尊所在地—岐阜県安八郡神戸《ごうど》町大字神戸
（「広神戸」下車）

30 興《こう》正《しょう》寺

◎宗派――――高野山真言宗
◎落慶年代――江戸後期
◎落慶年――一八〇八（文化五）年
◎重層形式――五重

◎国宝・重文――重文（本尊▽大日如来）
◎指定年月――一九八二年二月
◎様式・特徴――和様◆本瓦葺
◎寺院本尊所在地―愛知県名古屋市昭和区八事《やごと》本町（地下鉄「八事」駅すぐ）

31 性《しょう》海《かい》寺 ◀

◎**宗派**――――真言宗智山派
◎**落慶年代**――室町中期
◎**落慶年**――――未確定
◎**重層形式**――――多宝
◎**国宝・重文**―重文（本尊▽善光寺式阿弥陀三尊像）

◎**指定年月**―一九〇三年四月
◎**様式・特徴**―和様◆銅板葺◆下重中備は中央間蟇股のみ
◎**寺院本尊所在地**―愛知県稲沢市大塚南（「奥田」から徒歩▽距離あり）

開基・空海。あじさい寺としても知られる。

32 東《とう》観《かん》音《のん》寺 ▶

◎**宗派**―臨済宗妙心寺派
◎**落慶年代**―戦国時代
◎**落慶年**―一五二八（大永八）年
◎**重層形式**―多宝
◎**国宝・重文**―重文（本尊▽馬頭観音菩薩）
◎**指定年月**―一九〇七年五月

◎**様式・特徴**―禅宗様◆こけら葺◆中備に中央間蟇股、脇間蓑束
◎**寺院本尊所在地**―愛知県豊橋市小松原町坪尻（「豊橋」からバス▽「小松原」下車。科学技術大止まりが多い。その先は資源化センターわきを抜けて歩く。六一頁に略図あり）

行基の開創。室町時代に真言宗から改宗。

近年解体修理された。

33 観音寺 ◀

◎**宗派**―天台宗
◎**落慶年代**―戦国時代
◎**落慶年**―一五三六(天文五)年
◎**重層形式**―多宝
◎**国宝・重文**―重文

◎**指定年月**――一九二一年四月
◎**様式・特徴**―和様＋禅宗様
◆銅板葺◆亀腹は竪板張り
◎**寺院本尊所在地**―愛知県名古屋市中川区荒子町宮窓(市営地下鉄「高畑」から徒歩▽中距離)

もとは別当寺のものだったが、明治維新の神仏分離で別当寺が廃されて神社に帰属した後、大正時代まで文庫に転用されていた。知立は東海道五十三次の池鯉鮒。

34 知《ち》立《りゅう》神社 ▶

◎**落慶年代**―戦国時代
◎**落慶年**―一五〇九(永正六)年
◎**重層形式**―多宝
◎**国宝・重文**―重文

◎**指定年月**―一九〇七年五月
◎**様式・特徴**―和様◆こけら葺
◎**寺院本尊所在地**―愛知県知立市西町神田(「知立」から徒歩一キロ以内)

35 密蔵院 ◀

◎**宗派**―天台宗
◎**落慶年代**―室町中期
◎**落慶年**―未確定
◎**重層形式**―多宝
◎**国宝・重文**―重文（本尊▽薬師仏）

◎**指定年月**―一九二〇年四月
◎**様式・特徴**―禅宗様◆こけら葺
◎**寺院本尊所在地**―愛知県春日井市熊野町（「春日井」からバスまたは徒歩。庄内川の土手から近い。六一頁に略図あり）

浄土宗の塔として希少なもの。徳川家のルーツである松平氏（岡崎城主・親忠）が創建した縁で、永禄3年の桶狭間の戦いの間、家康は一時ここに避難し、慶長以来徳川家の菩提所ともなった。

36 大樹寺 ▶

◎**宗派**―浄土宗
◎**落慶年代**―戦国時代
◎**落慶年**―一五三五（天文四）年
◎**重層形式**―多宝
◎**国宝・重文**―重文（本尊▽一光千体阿弥陀如来、如意輪観世音菩薩）

◎**指定年月**―一九〇四年二月
◎**様式・特徴**―和様◆檜皮葺
◎**寺院本尊所在地**―愛知県岡崎市鴨田町広元（「東岡崎」からバス）

37 日《にち》竜《りゅう》峯《ぶ》寺

◎**宗派**——真言宗
◎**落慶年代**——鎌倉後期
◎**落慶年**——未確定
◎**重層形式**——多宝
◎**国宝・重文**——重文
◎**指定年月**——一九〇一年三月

◎**様式・特徴**—鎌倉後期様式◆檜皮葺◆木鼻などの細部に天竺様系の趣向
◎**寺院本尊所在地**—岐阜県関市下之保高沢（「関」からバス▽「高沢観音口」下車、徒歩▽林道をかなり上る。六一頁に略図あり）

北条政子による建立と伝えられるが、様式からすると年代差がある。

38 万徳寺

◎**宗派**—真言宗豊山派
◎**落慶年代**—室町後期
◎**落慶年**—未確定
◎**重層形式**—多宝
◎**国宝・重文**—重文

◎**指定年月**—一九〇一年三月
◎**様式・特徴**—和様◆檜皮葺
◎**寺院本尊所在地**—愛知県稲沢市長野町東堤野（「稲沢」から徒歩▽近距離）

山号「洞雲山」。堂内の文化財は撮影禁止の場合が多いが、ここでは異例なことに歓待される。

39 長蔵寺 ◀

◎**宗派**—臨済宗妙心寺派
◎**落慶年代**—戦国時代
◎**落慶年**—一五四七（天文十六）年
◎**重層形式**—宝塔
◎**国宝・重文**—重文
◎**指定年月**—一九七九年二月

◎**様式・特徴**—舎利殿内◆精巧な工作◆本瓦形板葺
◎**寺院本尊所在地**—岐阜県美濃市上野（「美濃」からバス▽「牧谷上野」下車、徒歩十五分。次頁に略図あり）

40 性海寺宝塔 ▶

あじさいの時期のみ宝塔のある本堂が公開される（撮影禁止のため掲載なし）。

◎**宗派**———真言宗
◎**落慶年代**———鎌倉時代
◎**落慶年**———一二八一（弘安四）年頃
◎**国宝・重文**———重文
◎**指定年月**———一九六九年六月
◎**様式・特徴**———本堂に安置◆こけら葺形板葺
◎**寺院本尊所在地**—愛知県稲沢市大塚南（㉛と同じ）

密蔵院への略図

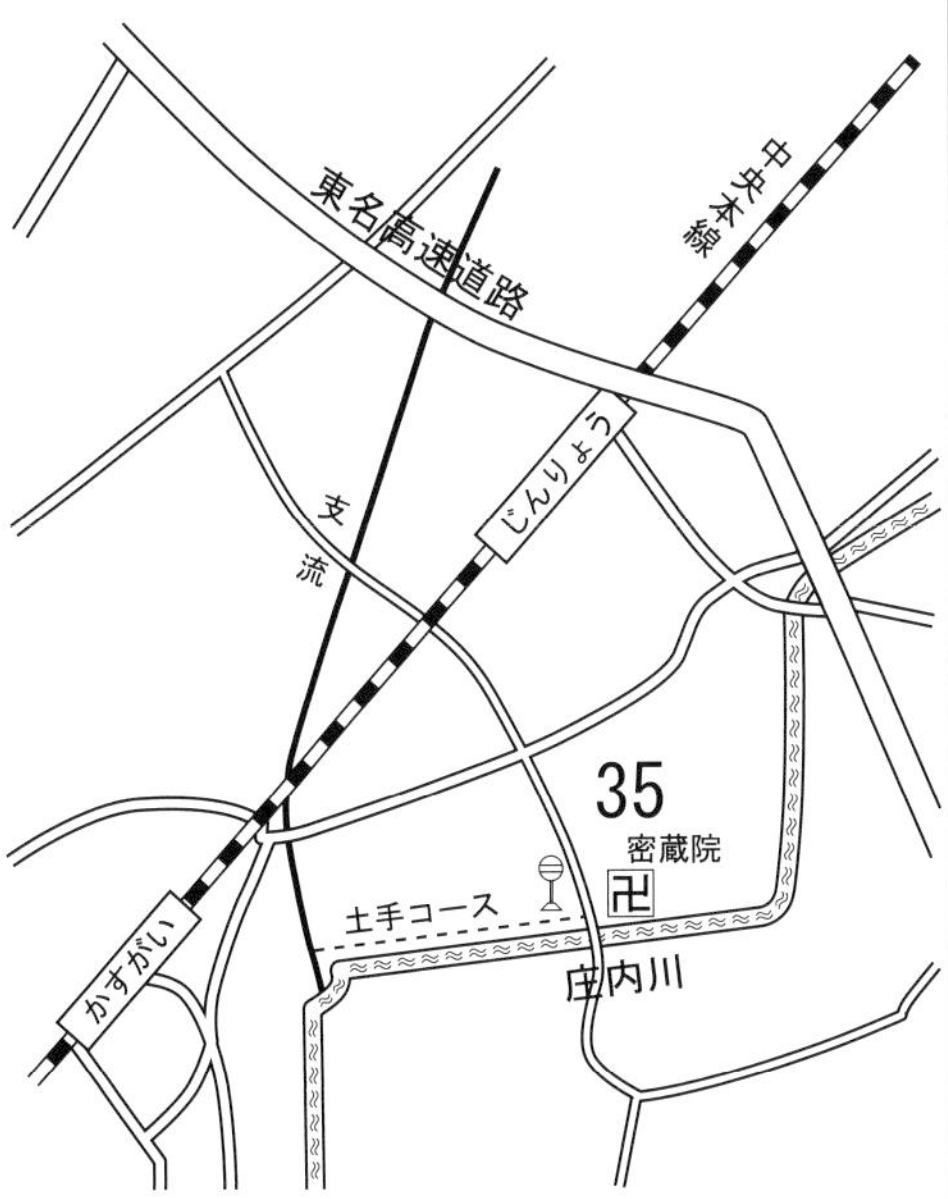

東観音寺への略図

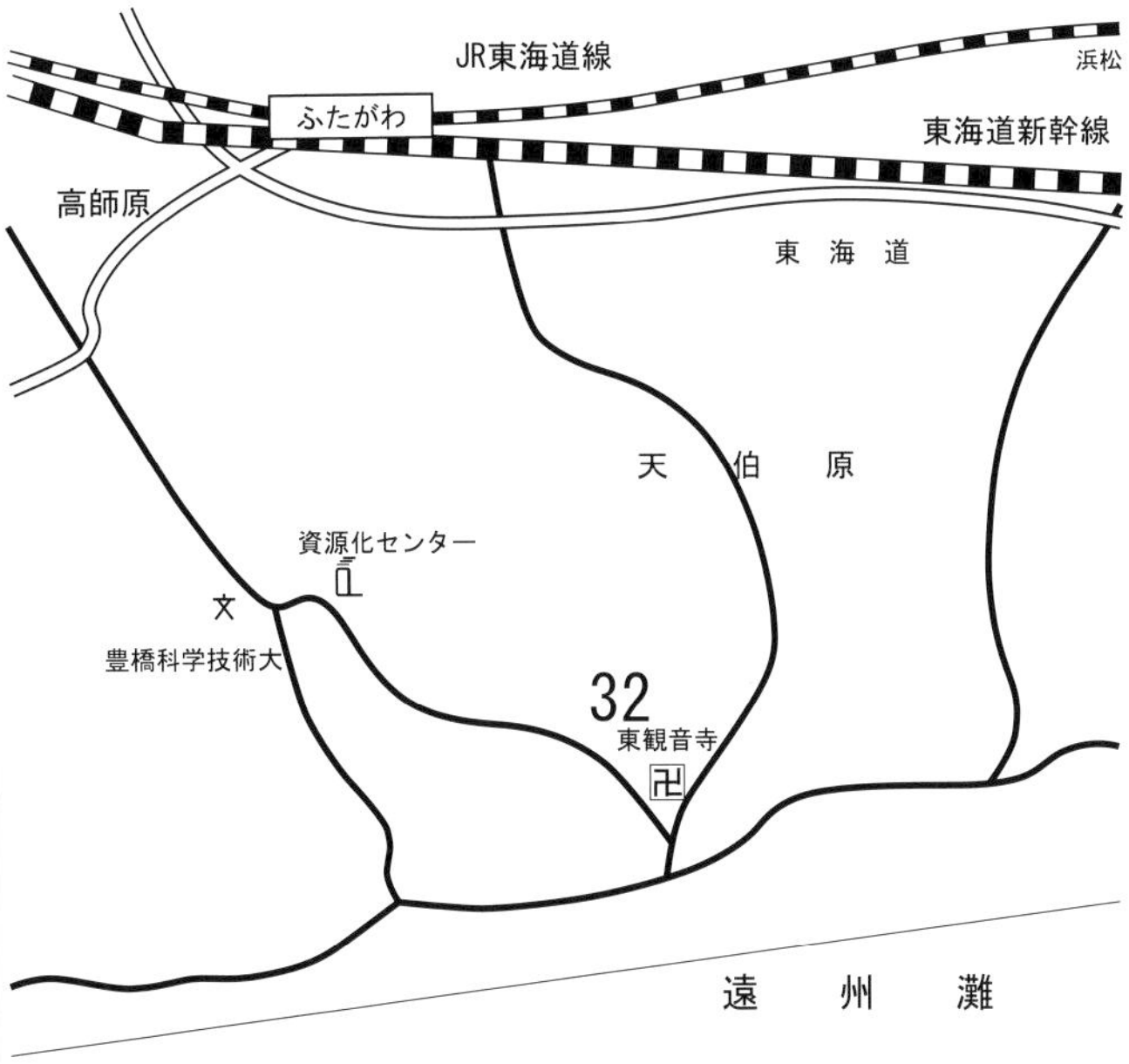

新長谷寺・日竜峯寺・長蔵寺への略図

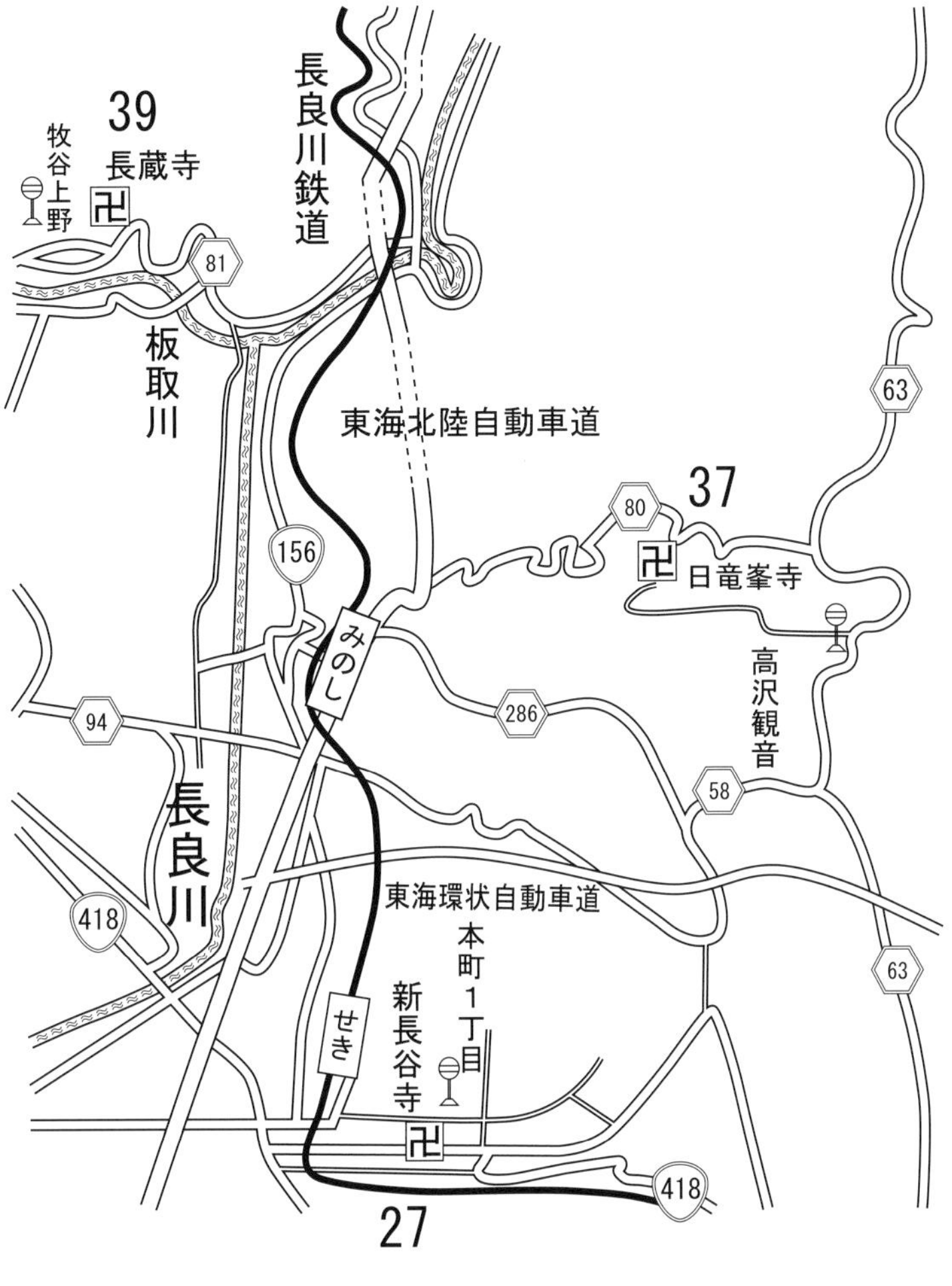

滋賀
北陸

41
西明寺

◎宗派——天台宗
◎落慶年代——鎌倉後期
◎落慶年——未確定
◎重層形式——三重

◎国宝・重文——国宝（本尊▽薬師如来）
◎指定年月——一九五二年十一月
◎様式・特徴——純和様◆檜皮葺
◎寺院本尊所在地——滋賀県犬上郡甲良町池寺（「河瀬」から バス▽「金屋」下車、徒歩二十分）

山号「龍応山」。湖東三山の一。仁明天皇の勅願所で大伽藍を誇っていたが、天正年間に信長の兵火を浴び、本堂、三重塔、二天門だけが残った。

山号「松峰山《しょうほう》」、別名「松尾寺」。行基の開基。湖東三山の一。

42

金剛輪寺

◎宗派――――天台宗
◎落慶年代――室町初期
◎落慶年――――未確定
昭和五〇年代復元
◎重層形式――三重

◎国宝・重文――――重文（本尊▽聖観音立像）
◎指定年月――――一九七二年五月
◎様式・特徴――――未完成◆檜皮葺
◎寺院本尊所在地――滋賀県愛知郡愛荘町松尾寺（「稲枝」からバスまたはタクシー）

43

摠《そう》見《けん》寺

◎**宗派**——臨済宗妙心寺派
◎**落慶年代**——室町時代
◎**落慶年**——一四五四（享禄三）年
◎**重層形式**——三重

◎**国宝・重文**——重文
◎**指定年月**——一九〇一年三月
◎**様式・特徴**——和様◆本瓦葺◆初重中央間に異色の蟇股
◎**寺院本尊所在地**—滋賀県蒲生郡安土町下豊浦（安土城跡「安土」から徒歩）

山号「遠景山」。摠見寺は天正年間に信長が安土城築城と同時に建立したが、そのとき百年以上前に建てられた塔を甲賀地方の長寿寺から移築した。

西国三十三ヵ所観音の第三十一番札所。㊶の西明寺の塔は信長の兵火を免れたのに対し、こちらは兵火で消失後の再建。

44 長命寺

◎宗派――――天台宗独立宗教法人
◎落慶年代――安土桃山
◎落慶年――一五九七（慶長二）年
◎重層形式――三重

◎国宝・重文――重文（本尊▽千手、十一面、聖の各観音）
◎指定年月――一九二三年三月
◎様式・特徴――近世風（桃山様式）◆こけら葺
◎寺院本尊所在地―滋賀県近江八幡市長命寺町（「近江八幡」からバス）

山号「阿星山」、通称「西寺」。東寺は長寿寺。聖武天皇に厚遇され、僧正に抜擢された良辨の開基。

45 常楽寺

◎宗派――天台宗
◎落慶年代――室町時代
◎落慶年――一四〇〇(応永七)年
◎重層形式――三重

◎国宝・重文――国宝(本尊▽千手観音)
◎指定年月――一九五三年三月
◎様式・特徴――純和様◆本瓦葺
◎寺院本尊所在地――滋賀県湖南市西寺(「石部」からバス▽「西寺」下車)

46

那《な》谷《た》寺

◎**宗派**――高野山真言宗
◎**落慶年代**――江戸初期
◎**落慶年**――一六四二（寛永十九）年
◎**重層形式**――三重

◎**国宝・重文**――重文（本尊▽千手観世音菩薩）
◎**指定年月**――一九四一年十一月
◎**様式・特徴**――禅宗様◆檜皮葺
◎**寺院本尊所在地**――石川県小松市那谷町（「粟津」からバス）

山号「自生山」。泰澄（通称「越の大徳」）の草創。花山天皇が行幸して如意輪観音を納め、勅願寺とした。前田利常が寛永17年に再興したが、同時に塔も創建されたのであろう。

47 妙《みょう》成《じょう》寺

◎宗派――日蓮宗
◎落慶年代――江戸初期
◎落慶年――一六一八(元和四)年
◎重層形式――五重

◎国宝・重文――重文
◎指定年月――一九〇六年四月
◎様式・特徴――和様◆素木◆とち葺
◎寺院本尊所在地――石川県羽咋市滝谷町(「羽咋」からバス)

山号「金栄山」。もとは真言宗であったものを、日蓮宗四大本山の京都妙顕寺の開祖・日像により改宗。天正2年に前田利家が再興したが、そのころ同藩主が母の菩提を弔うために塔を創建した。

48 園《おん》城《じょう》寺

◎宗派――天台寺門宗
◎落慶年代――室町前期
◎落慶年――未確定
◎重層形式――三重

◎国宝・重文――重文（本尊▽阿弥陀菩薩、如意輪観音、鬼子母神他）
◎指定年月――一九〇六年四月
◎様式・特徴――純和様◆本瓦葺
◎寺院本尊所在地――滋賀県大津市園城寺町（京阪「三井寺」下車）

山号「長等山」、通称「御(三)井寺」。弘文天皇皇子大友与多王の創建。塔は後代のもので、まず秀吉が大和比曾寺にあったものを伏見城へ移し、これをすぐまた家康が慶長6年にここへ移したもの。

山号「棡山《ゆずりさん》」。初代征夷大将軍・坂上田村麻呂の創建。本堂と三重塔は鎌倉建築の名作。

49 明《みょう》通《つう》寺

◎宗派――真言宗御室派
◎落慶年代――鎌倉時代
◎落慶年――一二七〇（文永七）年
◎重層形式――三重

◎国宝・重文――国宝（本尊▽薬師如来坐像）
◎指定年月――一九五三年十一月
◎様式・特徴――純和様◆初重に天竺様系の拳鼻◆檜皮葺
◎寺院本尊所在地――福井県小浜市門前（「東小浜」からバスまたはタクシー。七四頁に略図あり）

50

石《いし》山《やま》寺

◎宗派――真言宗
◎落慶年代―鎌倉時代
◎落慶年――一一九四(建久五)年
◎重層形式――多宝

◎国宝・重文――国宝(本尊▽如意輪観音)
◎指定年月――一九五一年六月
◎様式・特徴――和様◆二番目に古い多宝塔◆各間中備に間斗束
◎寺院本尊所在地―滋賀県大津市石山寺(「大津」から京阪バス利用)

山号「石光山」。奈良大仏塗金のための金鉱を得ようと、良辨が如意輪観音に祈願すると霊験あらたかに陸奥から金が出土した。観音は西国三十三ヵ所観音第十三番札所。承暦2年の火災から百年あまり後に源頼朝の寄進で再興されたが、塔もそのときの寄進の一つ。

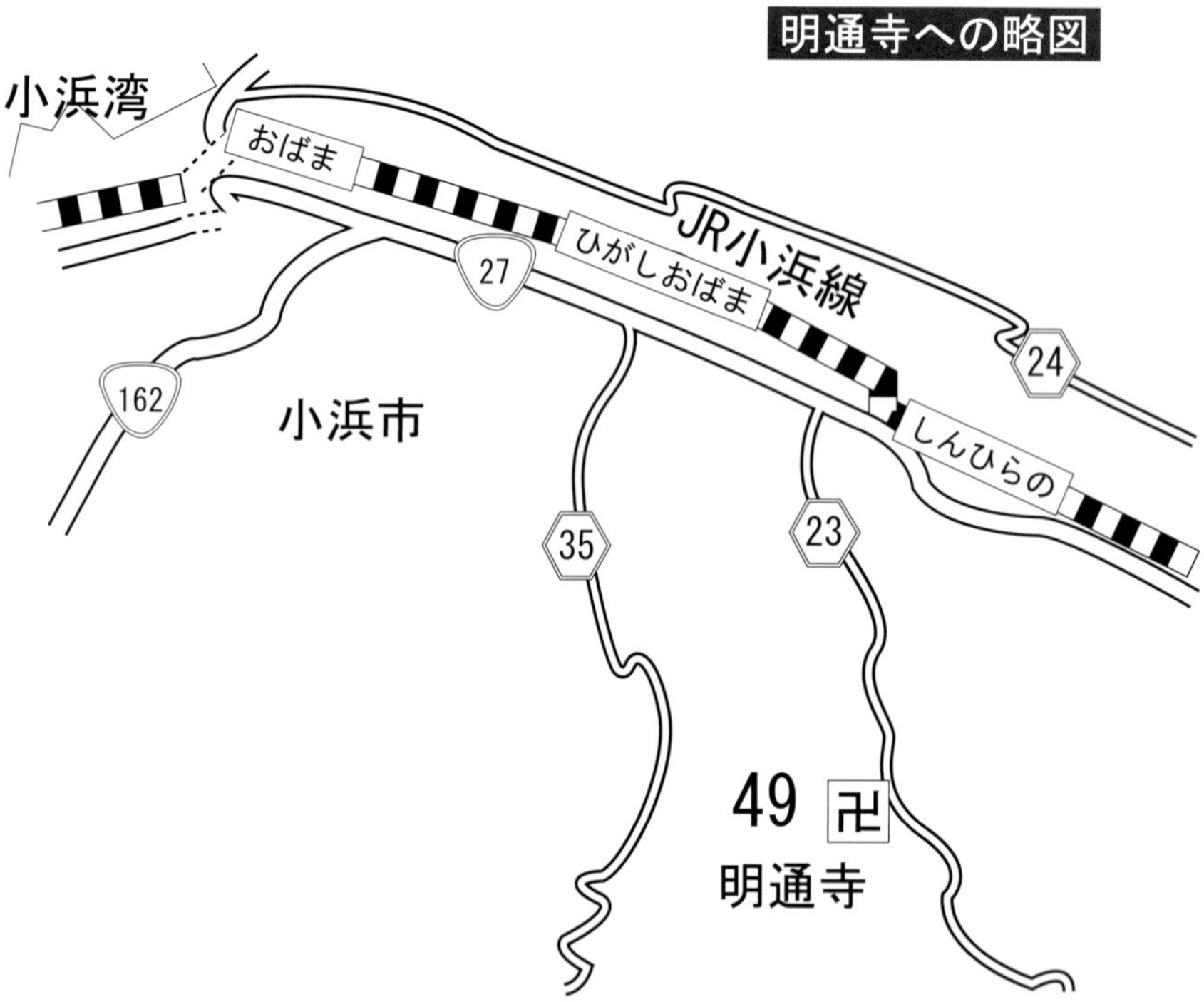
明通寺への略図
小浜湾
おばま
JR小浜線
ひがしおばま
しんひらの
24
27
162
小浜市
35
23
49
卍
明通寺

京都

山号「鹿原山」、寺号は「慈恩寺」。

51 金剛院

◎宗派――――真言宗東寺派
◎落慶年代――室町後期
◎落慶年――――未確定
◎重層形式――三重
◎国宝・重文―重文（本尊▽波切不動明王）

◎指定年月――――一九一七年四月
◎様式・特徴――――和様◆こけら葺◆中備はすべて間斗束
◎寺院本尊所在地―京都府舞鶴市字鹿原（「東舞鶴」からバス、または小浜線「松尾寺」下車徒歩。九三頁に略図あり）

52

宝《ほう》積《しゃく》寺

◎宗派———真言宗智山派
◎落慶年代——江戸初期
◎落慶年———一六〇四（慶長九）年
◎重層形式——三重

◎国宝・重文———重文（本尊▽十一面観音）
◎指定年月———一九二一年四月
◎様式・特徴———和様◆本瓦葺◆すべての中備に蓑束
◎寺院本尊所在地—京都府乙訓郡大山崎町字大山崎小字銭原
（「山崎」から徒歩▽天王山中腹）

山号「天王山」、「銭原山」（旧・補陀洛山）、別名「宝寺」。聖武天皇の勅願で行基の開基。天正10年における本能寺の凶変後、光秀との山崎合戦で、宝積寺は秀吉の本陣とされた。塔はこの合戦の50年後の建築。

寺院本体の堂塔と谷を挟んで南方に位置。

53 子安の塔

◎宗派――――清水寺に所属▽北法相宗
◎落慶年代―江戸初期
◎落慶年――寛永年間（未確定）
◎重層形式―三重

◎国宝・重文――――重文
◎指定年月――――一九六六年六月
◎様式・特徴―――和様◆檜皮葺
◎寺院本尊所在地―京都府京都市東山区清水（清水寺境内）

54

金《こん》戒《かい》光《こう》明《みょう》寺

◎宗派——浄土宗大本山
◎落慶年代—江戸初期
◎落慶年——一六三四（寛永十一）年
◎重層形式—三重

◎国宝・重文——重文（本尊▽阿弥陀如来）
◎指定年月——一九七七年六月
◎様式・特徴——和様◆本瓦葺
◎寺院本尊所在地—京都府京都市左京区黒谷町

山号「紫雲山」、別名「文殊塔」。源空（法然上人）が比叡山から移って草庵を結び念仏道場としたところ。法然は今は安養寺になっている吉水草庵や、晩年は今日知恩院（浄土宗総本山）になっている大谷禅房も道場として使った。塔は段丘状の墓地を直上する石段の先に建つ。

55 教《きょう》王《おう》護《ご》国《こく》寺 ①

◎宗派——真言宗東寺派
◎落慶年代—江戸初期
◎落慶年——一六四三(寛永二〇)年
◎重層形式—五重

◎国宝・重文——国宝(本尊▽薬師如来)
◎指定年月——一九五二年十一月
◎様式・特徴——和様◆本瓦葺
◎寺院本尊所在地—京都府京都市南区九条町

桓武天皇の延暦15年に左京、東国の鎮護として創建され、嵯峨天皇の弘仁14年には東寺は空海に勅賜されて密教道場となって栄えたが、平家全盛のころの治承元年の京都大火以後荒廃した。最終的には豊臣・徳川両氏の飴と鞭を駆使した仏教政策の恩恵に与って復興した。相輪を含めた全高54.8メートルは国内で現存する最大・最高の木塔。

56

仁《にん》和《な》寺

◎宗派——真言宗御室派
◎落慶年代——江戸初期
◎落慶年——一六三七（寛永十四）年
◎重層形式——五重

◎国宝・重文——重文（本尊▽阿弥陀如来）
◎指定年月——一九〇〇年四月
◎様式・特徴——和様◆本来は朱塗◆本瓦葺
◎寺院本尊所在地——京都府京都市右京区御室大内

山号「大内山」。光徳天皇の勅願を継いで宇多天皇が建立。応仁の乱で全焼したが、徳川家光が（五重塔も含めて）再建した。

左頁が法観寺、右奥は清水寺三重塔（㊽）。山号「霊応山」、通称「八坂寺」。聖徳太子創建。当初は四天王寺式に伽藍が直線的に並んでいたが、現在は足利義教の再建になる塔だけが残る。

57

法観寺

◎宗派――臨済宗建仁寺派
◎落慶年代――室町時代
◎落慶年――一四四〇（永享十二）年
◎重層形式――五重

◎国宝・重文――重文
◎指定年月――一八九七年十二月
◎様式・特徴――和様◆縁、高欄五重のみ◆本瓦葺
◎寺院本尊所在地――京都府京都市東山区清水八坂上町

山号「音羽山」。西国三十三ヵ所観音第十六番札所。坂上田村麻呂の創建。鎮護国家の道場として勅願寺に指定。興福寺一乗院に属していたため、平安末期には南都北嶺の争いに巻き込まれ、延暦寺側の兵火を浴びた。塔本堂とともに徳川家光による再建。近年では1984～86年に修理し、塗装された。

58

清《きよ》水《みず》寺

◎宗派――北法相宗
◎落慶年代――江戸初期
◎落慶年――一六三二（寛永九）年
◎重層形式――三重

◎国宝・重文――重文（本尊▽千手観音）
◎指定年月――一九六六年六月
◎様式・特徴――和様◆朱塗◆本瓦葺
◎寺院本尊所在地――京都府京都市東山区清水

59

海《かい》住《じゅう》山《せん》寺

◎宗派———真言宗智山派
◎落慶年代——鎌倉時代
◎落慶年———一二一四（建保二）年
◎重層形式——五重
◎国宝・重文—国宝（本尊▽十一面観音）

◎指定年月———一九五二年三月
◎様式・特徴———小型◆初重に裳階◆組物は二手先◆本瓦葺
◎寺院本尊所在地—京都府木津川市加茂町例幣海住山（「加茂」から四キロ山中。木津川の恭仁大橋の先までバスを利用できる。九三頁に略図あり）

良辨の創建で貞慶の再興。塔は貞慶とその弟子覚真の合作。山号「補陀洛山」。

60 醍《だい》醐《ご》寺

◎宗派――古義真言宗醍醐派
◎落慶年代――平安中期
◎落慶年――九五二（天暦六）年
◎重層形式――五重

◎国宝・重文――国宝（本尊▽薬師如来）
◎指定年月――一九五一年六月
◎様式・特徴――和様◆木割太く雄大◆本瓦葺
◎寺院本尊所在地――京都府京都市伏見区醍醐東大路町
（「山科」からバス）

貞観年間に東密小野流の祖で僧正となった聖宝（勅諡・理源大師）が山上に草庵を結んだのが草創。延喜７年に醍醐天皇の勅願寺となった。応仁の乱の兵火で下醍醐では五重塔以外の堂塔を焼失した。その後、豊臣、徳川両家の援護を受けて復興した。山号「醍醐山（深雪山とも）」。

山号「高雄山」。聖武天皇の発願で行基が創建。

61 岩《がん》船《せん》寺

◎**宗派**――真言律宗
◎**落慶年代**――室町時代
◎**落慶年**――一四四二（嘉吉二）年
◎**重層形式**――三重
◎**国宝・重文**――重文（本尊▽阿弥陀如来坐像）

◎**指定年月**――一八九九年四月
◎**様式・特徴**――ほぼ和様（禅宗様と天竺様混在）◆本瓦葺
◎**寺院本尊所在地**――京都府木津川市加茂町岩船上ノ門（「加茂」または「奈良」からバス。浄瑠璃寺～岩船寺間は徒歩一キロ強。九三頁に略図あり）

62

浄瑠璃寺

◎宗派――――真言律宗
◎落慶年代――平安後期
◎落慶年――――一一七八年以前に一条大宮から移築
◎重層形式――三重
◎国宝・重文――国宝(本尊▽薬師如来像)

◎指定年月――――一九五二年三月
◎様式・特徴――和様◆優雅◆檜皮葺◆中備は初重と二重の中央間のみ
◎寺院本尊所在地―京都府木津川市加茂町西小札場(「加茂」または「奈良」からバス。加茂からは南の奈良との県境に近く、北方の海住山寺とは逆。九三頁に略図あり)

山号「小田原山」。寺は聖武天皇の勅願で行基が創建。

63 宝塔寺 ◀

◎宗派—日蓮宗
◎落慶年代—室町時代
◎落慶年—一四三八(永享一〇)年
◎重層形式—多宝

◎国宝・重文—重文
◎指定年月—一九〇六年四月
◎様式・特徴—本瓦葺(行基葺)
◎寺院本尊所在地—京都府京都市伏見区深草宝塔寺山町

山号「深草山」、通称「七面山《しちめんさん》」。藤原基経の創建で、日像が法華道場に改宗した。

64 常《じょう》寂《じゃく》光《こう》寺 ▶

◎宗派—日蓮宗
◎落慶年代—江戸初期
◎落慶年—一六二〇(元和六)年
◎重層形式—多宝
◎国宝・重文—重文(本尊▽十界大曼荼羅)

◎指定年月—一九一五年三月
◎様式・特徴—初重低く上重高い◆檜皮葺
◎寺院本尊所在地—京都府京都市右京区嵯峨小倉山小倉町

山号「小倉山」。

65 金胎寺《こんたいじ》

◎宗派―真言宗醍醐派
◎落慶年代―鎌倉時代
◎落慶年―一二九八(永仁六)年
◎重層形式―多宝
◎国宝・重文―重文(本尊▽弥勒菩薩)
◎指定年月―一八九九年四月

◎様式・特徴―組物に新機軸◆こけら葺
◎寺院本尊所在地―京都府相楽郡和束町原山(鷲峰山《じゅぶせん》・「加茂」からバス▽信楽方面行き「和束町原山」下車、徒歩一時間半。九三頁に略図あり)

山号「鷲峰山」。役小角《えんのおづぬ》の創建。修験道の霊場で最澄や空海も修行した。

66 善峰寺《よしみねでら》

◎宗派―天台宗山門派
◎落慶年代―江戸初期(元和年間)
◎落慶年―一六二一(元和七)年
◎重層形式―多宝
◎国宝・重文―重文(本尊▽十一面千手観世音菩薩二体)

◎指定年月―一九七七年六月
◎様式・特徴―檜皮葺
◎寺院本尊所在地―京都府京都市西京区大原野小塩町(「東向日町」からバス二〇分、「小塩」から徒歩四〇分・釈迦岳中腹)

山号「西山」。西国三十三ヵ所観音第二十番札所。

67 智恩寺 ◀

◎**宗派**―臨済宗妙心寺派
◎**落慶年代**―戦国時代
◎**落慶年**―一五〇〇(明応九)年
◎**重層形式**―多宝
◎**国宝・重文**―重文(本尊▽文殊菩薩)

◎**指定年月**―一九〇四年二月
◎**様式・特徴**―類例少ない組物◆こけら葺
◎**寺院本尊所在地**―京都府宮津市文殊 (タンゴ鉄道宮津線「天橋立」下車)

一説では平城天皇の勅願で創建。通称「切り戸の文殊」。日本三文殊の一。

寺は京都鞍馬寺の中興法印釈法延の建立、塔は足利尊氏の信仰により嘉暦2年に現在地に移転。

68 大福光寺 ▶

◎**宗派**―真言宗御室派
◎**落慶年代**―鎌倉初期
◎**落慶年**―未確定
◎**重層形式**―多宝
◎**国宝・重文**―重文

◎**指定年月**―一九〇四年二月
◎**様式・特徴**―組物が変則的◆檜皮葺
◎**寺院本尊所在地**―京都府船井郡京丹波町下山岩ノ上(山陰線「下山」から徒歩▽台地へ二五分)

69 教《きょう》王《おう》護《ご》国《こく》寺 ②

◎宗派――真言宗東寺派
◎落慶年代――戦国時代
◎落慶年――一二四〇（延応二）年
◎重層形式――五重小塔
◎国宝・重文――重文
◎指定年月――一九五五年六月
◎様式・特徴――本瓦形板葺、高さ一・五メートル
◎寺院本尊所在地――京都府京都市南区九条町

境内宝物殿内撮影禁止のため掲載なし。

海住山寺・岩船寺・浄瑠璃寺・金胎寺への略図

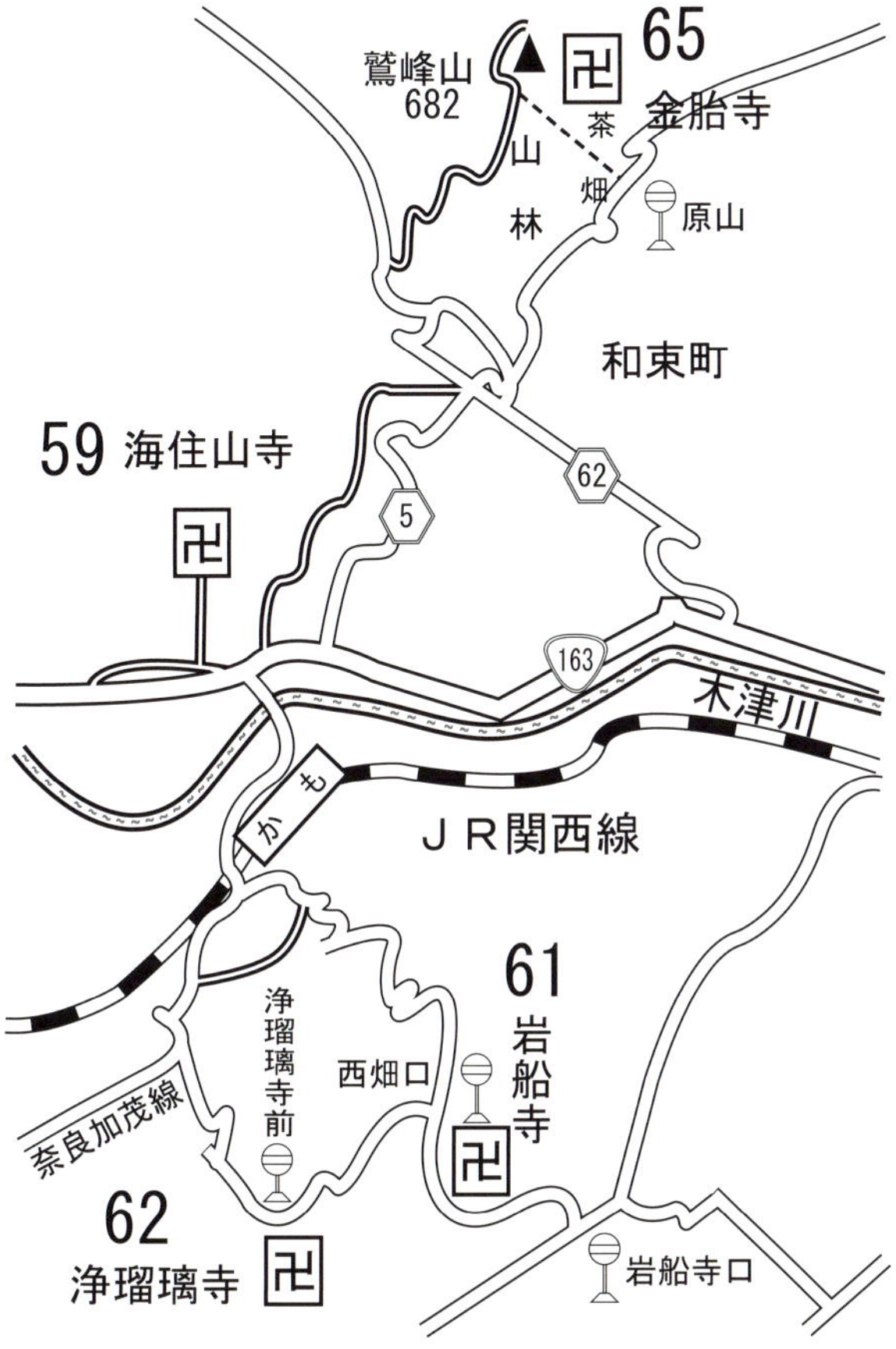

金剛院への略図

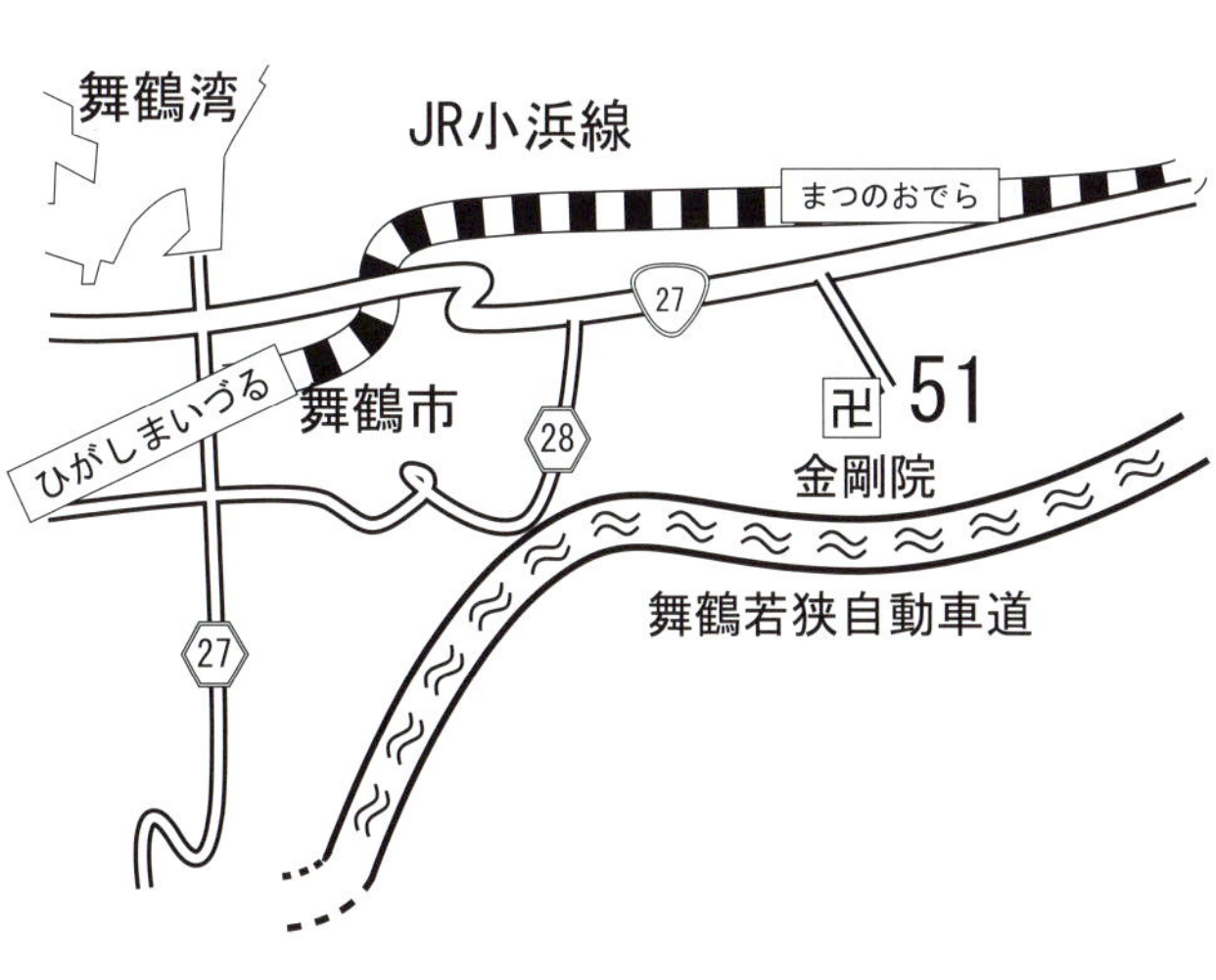

奈良

70 興福寺 ①

◎宗派——法相宗
◎落慶年代——鎌倉前期
◎落慶年——未確定
◎重層形式——三重

◎国宝・重文——国宝
◎指定年月——一九五二年三月
◎様式・特徴——純和様◆本瓦葺◆初重組物は出組
◎寺院本尊所在地——奈良県奈良市登大路《のぼりおおじ》町

南都七大寺の一。藤原鎌足の遺志を継いで鏡女王が建立した山階寺が起源。その後、飛鳥移転を経て和銅３年に不比等が現地に興福寺の名称で造営し直した。藤原氏の氏寺として広大な荘園をかかえて興隆し、こちらの奈良法師と延暦寺の山法師とが南都北嶺として勢力を誇示し合った。その後、貴族政治から武家政治へと推移する過程で勢力の基盤たる荘園を失い、江戸・享保２年の大火、そして維新の神仏分離によって余分なものばかりでなく、貴重なものも失ったであろう。この三重塔は平家全盛期の兵火で焼失後再建。五重塔より約200年以前の建築（左頁へ続く）。

71 興福寺 ②

◎宗派――法相宗
◎落慶年代――室町時代
◎落慶年――一四二六（応永三三）年
◎重層形式――五重

◎国宝・重文――国宝（本尊▽釈迦如来）
◎指定年月――一九五二年三月
◎様式・特徴――純和様◆本瓦葺
◎寺院本尊所在地――奈良県奈良市登大路町

南円堂の不空羂索《けんさく》観音は西国三十三ヵ所観音第九番札所。五重塔は730年に創建されたが、11世紀だけでも３回焼失し、その都度再建が繰り返された。五重塔は台地上で西向きであるが、三重塔は台地の裾にあって東向きである。

72

法起寺《ほっき》（ほうき）

◎宗派――――法相宗
◎落慶年代――白鳳時代
◎落慶年――――七〇六（慶雲三）年
◎重層形式――三重

◎国宝・重文――国宝（本尊▽十一面観世音菩薩）
◎指定年月――――一九五一年六月
◎様式・特徴――飛鳥様式◆本瓦葺
◎寺院本尊所在地―奈良県生駒郡斑鳩町大字岡本

聖徳太子の岡本宮を寺に改装したもの。組物は雲斗栱で中備なし。近年、背後などの樹木が伐採されて殺風景になった。

73 法隆寺

◎宗派——聖徳宗
◎落慶年代——飛鳥時代
◎落慶年——七世紀末
◎重層形式——五重

◎国宝・重文——国宝（本尊▽薬師如来）
◎指定年月——一九五一年六月
◎様式・特徴——飛鳥様式◆初重もこし付◆本瓦葺
◎寺院本尊所在地——奈良県生駒郡斑鳩町法隆寺山内（「法隆寺」からバスまたは徒歩）

南都七大寺の一。用明天皇の勅願でその皇子である聖徳太子が推古天皇の援助を受けて薬師三尊仏を安置したのが始まりで、次いで太子の薨後《こうご》、皇族が釈迦三尊の造像を止利仏師に命じた。金堂の壁画は昭和24年の火災で焼失したが、両三尊像を含む他の宝物は修理中で被害を免れた。塔は二重の壇正積基壇に建ち、最も安定感のある比率で、心柱下には仏舎利が納められている。組物は雲斗栱で中備なし。

山号「壺阪山」、通称「壺坂寺」。大宝３年辨基上人の開基。
西国三十三ヵ所観音第六番札所。

74

南法華寺

◎**宗派**――真言宗豊山派
◎**落慶年代**――戦国時代
◎**落慶年**――一四九七（明応六）年
◎**重層形式**――三重

◎**国宝・重文**――重文（本尊▽十一面千手観音菩薩）
◎**指定年月**――一九〇六年四月
◎**様式・特徴**――純和様◆基壇上◆本瓦葺
◎**寺院本尊所在地**―奈良県高市郡高取町壺阪（近鉄「壺阪山」からバス）

75

海龍王寺

◎宗派――――真言律宗
◎落慶年代――奈良時代
◎落慶年――――奈良天平・由緒不明
◎重層形式――五重小塔

◎国宝・重文――――国宝（本尊▽十一面観音）
◎指定年月――――一九五一年六月
◎様式・特徴――――西金堂格子戸内◆本瓦形板葺
◎寺院本尊所在地―奈良県奈良市法華寺北町（「奈良」からバス）

寺は光明皇后が父藤原不比等の屋敷を寺にした。小塔は西大寺の塔の（約10分の１の）模型説あり。別称「隅寺《すみでら》」。

76

百済《くだら》寺

◎宗派――高野山真言宗
◎落慶年代――鎌倉後期
◎落慶年――未確定
◎重層形式――三重
◎国宝・重文―重文

◎指定年月――一九〇六年四月
◎様式・特徴――純和様◆本瓦葺
◎寺院本尊所在地―奈良県北葛城郡広陵町大字百済（近鉄「松塚」から三キロ。または「高田」からバス▽「広陵町役場前」下車）

桜井市吉備池廃寺が百済大寺だった可能性が高まっている。室町建築の三重塔と本堂があるのみ。本堂は談山神社の本堂を移築したもの。

77 霊《りょう》山《せん》寺

◎宗派――――霊山寺真言宗
◎落慶年代――南北朝時代
◎落慶年―――一三五六（文和五）年
◎重層形式――三重

◎国宝・重文――――重文（本尊▽薬師如来坐像）
◎指定年月――――一八九九年四月
◎様式・特徴―――和様◆檜皮葺
◎寺院本尊所在地―奈良県奈良市中町（近鉄「富雄」からバス）

山号は「登美山《とみさん》」または「鼻高山《びこうさん》」。行基と、インド僧で東大寺大仏開眼供養の導師となった菩提僊《せん》那《な》の開創。

78

當《たい》麻《ま》寺《でら》西塔

◎**宗派**――――真言・浄土両宗

◎**落慶年代**――平安前期

◎**落慶年**―――未確定

◎**重層形式**――三重

◎**国宝・重文**―国宝

◎**指定年月**――――一九五二年三月

◎**様式・特徴**――――唯一の双塔原形遺構◆相輪▽八輪◆本瓦葺

◎**寺院本尊所在地**―奈良県葛城市當麻（近鉄「当麻寺」から徒歩）

中備に間斗束を入れる二例目（薬師寺東塔に次ぐ）の遺構。

79 當麻寺東塔

◎宗派——真言・浄土両宗
◎落慶年代——奈良時代
◎落慶年——未確定
◎重層形式——三重

◎国宝・重文——国宝
◎指定年月——一九五二年三月
◎様式・特徴——相輪▽八輪◆本瓦葺
◎寺院本尊所在地——奈良県葛城市當麻

聖徳太子の弟・麻呂子王の創建で、天武天皇９年に現在地に移転。源頼朝の再興。ただし、東西両塔の基本は創建当時のもの。東塔は天平末期の建立と推定されており、その組物は半世紀ほど前の薬師寺東塔に比べて進化の跡が見られる。しかしその三重は鎌倉時代に改築されている。両塔の向きは同じでも、向かい合いでもない。東塔は西を向き、西塔は北向きである。

80 薬師寺東塔

◎宗派――――法相宗大本山
◎落慶年代――奈良時代
◎落慶年――――七三〇（天平二）年
◎重層形式――三重
◎国宝・重文―国宝（本尊▽薬師如来）

◎指定年月――――一九五一年六月
◎様式・特徴――――比類なき美塔◆天人文様の水煙◆各重に裳階◆本瓦葺
◎寺院本尊所在地―奈良県奈良市西ノ京町（近鉄「西ノ京」下車）

南都七大寺の一。天武天皇が藤原宮に創建、元明天皇の養老2年に現在地に移転。当時の遺構は東塔のみ。薬師三尊や聖観音立像なども災害に耐え抜いた。組物に三手先が、これに伴い中備が用いられた最初の遺構。

81 室生寺

◎宗派——真言宗豊山派
◎落慶年代——奈良末～平安初期
◎落慶年——未確定
◎重層形式——五重

◎国宝・重文——国宝（本尊▽如意輪観音坐像）
◎指定年月——一九五一年六月
◎様式・特徴——五重では最小◆水煙なし◆檜皮葺
◎寺院本尊所在地——奈良県宇陀市室生区室生（「室生口大野」からバス）

役小角《えんのおづぬ》の創建。堂塔が小ぶりなことや空海が真言道場にしたことから女人高野と呼ばれる。また塔も弘法大師一夜造りの伝説がある。山号「宀一山《べんいちさん》」。

82 吉《きち》田《でん》寺

◎宗派——浄土宗
◎落慶年代——室町時代
◎落慶年——一四六三（寛正四）年
◎重層形式——多宝

◎国宝・重文——重文（本尊▽阿弥陀如来坐像）
◎指定年月——一九〇三年四月
◎様式・特徴——初重に本蟇股と板蟇股積重◆本瓦葺
◎寺院本尊所在地——奈良県生駒郡斑鳩町小吉田（「法隆寺」と「王寺」、両駅の中間付近）

浄土教の聖典『往生要集』の著者・源信の開創。ぽっくり寺として知られる。

83

談山神社

◎落慶年代——戦国時代
◎落慶年——一五三二(享禄五)年
◎重層形式——十三重
◎国宝・重文——重文

◎指定年月——一九〇〇年四月
◎様式・特徴——簷塔《えんとう》形式◆檜皮葺
◎寺院本尊所在地——奈良県桜井市多武峰
(「桜井」からバス)

藤原定慧《じょうえ》が父鎌足の墓を摂津から多武峰に移して妙楽寺を開創、彼の弟の不比等《ふひと》が父の木像を安置する神殿を建てて談山神社を創祀して神仏習合の構成にした。

84 安楽寺 ◀

◎宗派—高野山真言宗
◎落慶年代—鎌倉後期
◎落慶年—鎌倉後期
◎重層形式—塔婆
◎国宝・重文—重文

◎指定年月—一九六一年三月
◎様式・特徴—和様◆旧三重塔初重◆宝形造◆本瓦葺
◎寺院本尊所在地—奈良県御所市大字稲宿（「葛」から徒歩五分）

85 不退寺 ▶

◎宗派—真言律宗
◎落慶年代—鎌倉後期
◎落慶年—鎌倉後期
◎重層形式—塔婆
◎国宝・重文—重文（本尊▽聖観音像と五大明王像）

◎指定年月—一九〇八年四月
◎様式・特徴—元多宝塔下重◆宝形造◆桟瓦葺
◎寺院本尊所在地—奈良県奈良市法蓮町（法蓮町「奈良」からバス▽「一條高校前不退寺口」下車、徒歩五分）

在原業平の建立。通称「業平寺」。南都十五寺の一。

86 久米寺 ◀

◎**宗派**—真言宗御室派
◎**落慶年代**—江戸初期
◎**落慶年**—一六五九(万治二)年
◎**重層形式**—多宝
◎**国宝・重文**—重文(本尊▽薬師如来)

◎**指定年月**—一九七六年五月
◎**様式・特徴**—仁和寺から大塔跡に移築◆栩葺
◎**寺院本尊所在地**—奈良県橿原市久米町(近鉄「橿原神宮前」下車)

山号「霊禅山」。久米仙人の開基。奈良時代の大塔の下で空海が大日経を感得したとの伝説。多宝塔はその大塔の礎石上に建てられている。

87 元《がん》興《ごう》寺 ▶

南都七大寺の一。蘇我馬子の創建。法興寺が前身。平城遷都に伴って飛鳥から新都へ移転し、元興寺となった。室町時代の土一揆で炎上後、旧極楽坊とその南隣の五重塔跡のある華厳宗の寺とに分かれた(撮影禁止のため掲載なし)。

◎**宗派**——三論宗
◎**落慶年代**——奈良天平
◎**落慶年**——未確定・由緒不明
◎**重層形式**——五重小塔
◎**国宝・重文**——国宝
◎**指定年月**——一九五二年三月
◎**様式・特徴**——極楽坊内(撮影禁止)◆本瓦形板葺◆由緒不明
◎**寺院本尊所在地**—奈良県奈良市中院町(「奈良」から徒歩)

和歌山
大阪

88

根《ね》来《ごろ》寺

◎宗派―――新義真言宗

◎落慶年代――戦国時代

◎落慶年―――一五四八(天文十七)年

◎重層形式――大塔(五間)

◎国宝・重文―国宝(本尊▽大日如来)

◎指定年月―――一九五二年十一月

◎様式・特徴――五間多宝塔◆下重中備に間斗束◆上重に軒支柱◆本瓦葺

◎寺院本尊所在地―和歌山県岩出市根来(「岩出」からタクシーか「紀伊」からバス)

正式には大伝法院。覚鑁《かくばん》が高野山に大伝法院を建てて鳥羽上皇の勅願寺とし、金剛峰寺の座主を兼務したところ、高野衆徒の抵抗にあって根来に下山した。弘安9年に門流が堂塔を現地に移して新義派を独立させた。大教団となった戦国時代には一向宗と組んで秀吉に対抗したが兵火を浴びて一山が壊滅した。焼失を免れた大塔には弾痕が残されている。山号「一乗山《いちじょうさん》」。

89

長保寺

◎宗派――天台宗
◎落慶年代――南北朝時代
◎落慶年――一三五七（正平十二）年
◎重層形式――多宝
◎国宝・重文――国宝（本尊▽釈迦如来）

◎指定年月――一九五三年三月
◎様式・特徴――純和様◆下重軒高く円柱◆中備に三間とも蟇股◆本瓦葺
◎寺院本尊所在地――和歌山県海南市下津町（「下津」から徒歩二キロ）

山号「慶徳山」。開山・性空上人（天台三道場の一・円教寺の開祖）。紀州徳川家の菩提寺。

開創・行基。空海もここで修行。後白河天皇により再興。その後南朝の後村上天皇より三代にわたる行宮となったことから「天野行宮」ともいう。山号「天野山」。

90 金剛寺

◎宗派――古義真言宗御室派
◎落慶年代――平安時代末
◎落慶年――未確定
◎重層形式――多宝
◎国宝・重文―重文（本尊▽大日如来）

◎指定年月――一九〇七年五月
◎様式・特徴――最古の多宝塔・下重中備に三間とも蟇股・上重組物は六手先
◎寺院本尊所在地―大阪府河内長野市天野町（「河内長野」からバス▽「天野山」下車。一二三頁に略図あり）

91 金剛三《さん》昧《まい》院

◎宗派――高野山真言宗
◎落慶年代―鎌倉時代
◎落慶年――一二二三（貞応二）年
◎重層形式―多宝

◎国宝・重文――国宝（本尊▽愛染明王）
◎指定年月――一九五二年十一月
◎様式・特徴――三番目に古い多宝塔◆下重軒低く裳階的◆中備に三間とも蟇股◆檜皮葺
◎寺院本尊所在地―和歌山県伊都郡高野町高野山

塔は北条政子が頼朝追福のため出家して創建した。頼朝の寄進になる石山寺多宝塔に四半世紀遅れの建立であるが、優雅さといい安定感といい、魅力を競い合っている。

92 浄妙寺 ◀

◎**宗派**―臨済宗妙心寺派
◎**落慶年代**―鎌倉中期
◎**落慶年**―未確定
◎**重層形式**―多宝
◎**国宝・重文**―重文（本尊▽薬師如来）

◎**指定年月**―一九〇四年八月
◎**様式・特徴**―中備に三間とも蟇股◆本瓦葺
◎**寺院本尊所在地**―和歌山県有田市宮崎町（「箕島」下車、徒歩二キロ）

山号「醫王山」。鑑真の弟子・唐僧如宝の開山。当初は律宗だったが、徳川頼宣が復興援助して以来改宗。

聖徳太子が勝鬘経を講じたゆかりの地。四天王寺の別院。金堂の本尊・愛染明王《あいぜんみょうおう》にちなんで愛染堂ともいう。山号「荒陵山」。

93 勝《しょう》鬘《まん》院 ▶

◎**宗派**―和宗
◎**落慶年代**―安土桃山時代
◎**落慶年**―一五九七（慶長二）年
◎**重層形式**―多宝
◎**国宝・重文**―重文
◎**指定年月**―一九〇七年五月

◎**様式・特徴**―下重はほぼ和様、上重はほぼ禅宗様◆中備に三間とも十二支の彫刻入り蟇股◆最も丈高の多宝塔◆本瓦葺
◎**寺院本尊所在地**―大阪府大阪市天王寺区夕陽丘町（谷町線「四天王寺前」下車）

94 護国院 ◀

◎**宗派**―救世観音宗
◎**落慶年代**―室町時代
◎**落慶年**―一四四九（文安六）
◎**重層形式**―多宝
◎**国宝・重文**―重文（本尊▽十一面観音）

◎**指定年月**―一九〇八年四月
◎**様式・特徴**―二度の解体修理◆本瓦葺
◎**寺院本尊所在地**―和歌山県和歌山市紀三井寺

西国三十三ヵ所観音第二番札所。境内に吉祥水が湧くことから、通称「紀三井寺」という。

95 大《だい》威《い》徳《とく》寺 ▶

◎**宗派**―天台宗
◎**落慶年代**―戦国時代
◎**落慶年**―一五一五（永正十二年）
◎**重層形式**―多宝
◎**国宝・重文**―重文

◎**指定年月**―一九七一年六月
◎**様式・特徴**―小型◆塔身細い◆本瓦葺
◎**寺院本尊所在地**―大阪府岸和田市大沢町（牛滝山▽「岸和田」からバス五〇分）

開創・役《えんの》行者（役小角《えんのおづぬ》と同じ）。

96 岩《いわ》湧《わき》寺《でら》

◎**宗派**—融通念仏宗
◎**落慶年代**—室町時代末
◎**落慶年**—未確定
◎**重層形式**—多宝
◎**国宝・重文**—重文

◎**指定年月**—一九八〇年一月
◎**様式・特徴**—小型◆未完◆銅板葺
◎**寺院本尊所在地**—大阪府河内長野市加賀田（「河内長野」からバス▽「神納」から徒歩一・五キロ、岩湧山（八九七メートル）山腹）

勅願・文武天皇、開基・役小角《えんのおづぬ》。山号「湧出山」。

97 法道寺

◎**宗派**—高野山真言宗
◎**落慶年代**—南北朝時代
◎**落慶年**—一三六八（正平二三）年
◎**重層形式**—多宝
◎**国宝・重文**—重文（本尊▽薬師如来）

◎**指定年月**—一九〇二年四月
◎**様式・特徴**—細部に多様な手法◆本瓦葺
◎**寺院本尊所在地**—大阪府堺市南区鉢ヶ峯寺（「泉ヶ丘」からバス）

開基・インド僧法道仙人。

98 慈《じ》眼《がん》院 ◀

◎**宗派**—真言宗御室派
◎**落慶年代**—鎌倉時代
◎**落慶年**—一二七一（文永八）年
◎**重層形式**—多宝
◎**国宝・重文**—国宝（本尊▽大日如来）

◎**指定年月**—一九五三年十一月
◎**様式・特徴**—基壇上◆下重に丸柱◆小型で床下に亀腹なし◆檜皮葺
◎**寺院本尊所在地**—大阪府泉佐野市日根野（「泉佐野」からバス▽「東上」下車）

開山・覚豪。山号「大悲山」。

99 叡《えい》福《ふく》寺 ▶

◎**宗派**—真言宗系単立宗教法人
◎**落慶年代**—江戸初期
◎**落慶年**—一六五二（承応元）年
◎**重層形式**—多宝
◎**国宝・重文**—重文（本尊▽如意輪観音）

◎**指定年月**—一九七七年一月
◎**様式・特徴**—木割太い◆本瓦葺
◎**寺院本尊所在地**—大阪府南河内郡太子町太子（「上ノ太子」または「喜志」からバス）

開基・推古、聖武天皇あるいは聖徳太子の三説がある。ここの北古墳は聖徳太子の墓所とされる。山号「磯長山《しながさん》」。

100 観心寺 ◀

◎**宗派**—高野山真言宗
◎**落慶年代**—戦国時代
◎**落慶年**—一五〇二(文亀二)年
◎**重層形式**—建掛塔
◎**国宝・重文**—重文(本尊▽如意輪観音)
◎**指定年月**—一九七二年五月
◎**様式・特徴**—三重か五重の初重◆宝形造◆茅葺
◎**寺院本尊所在地**—大阪府河内長野市寺元(「河内長野」からバス)

開基・前身の霊心寺を空海が再興して実慧(空海門下で最初の東寺長者)を開基として託した。山号「檜尾山」。

101 安楽寺 ▶

◎**宗派**——高野山真言宗
◎**落慶年代**——室町前期
◎**落慶年**——未確定
◎**重層形式**——多宝小塔
◎**国宝・重文**——重文
◎**指定年月**——一九五三年三月
◎**様式・特徴**——板葺◆コンクリート覆屋内◆原則的に参観・撮影不可
◎**寺院本尊所在地**—和歌山県有田郡清水町二川(清水町二川▽「藤並」からバス)

撮影禁止のため掲載なし。

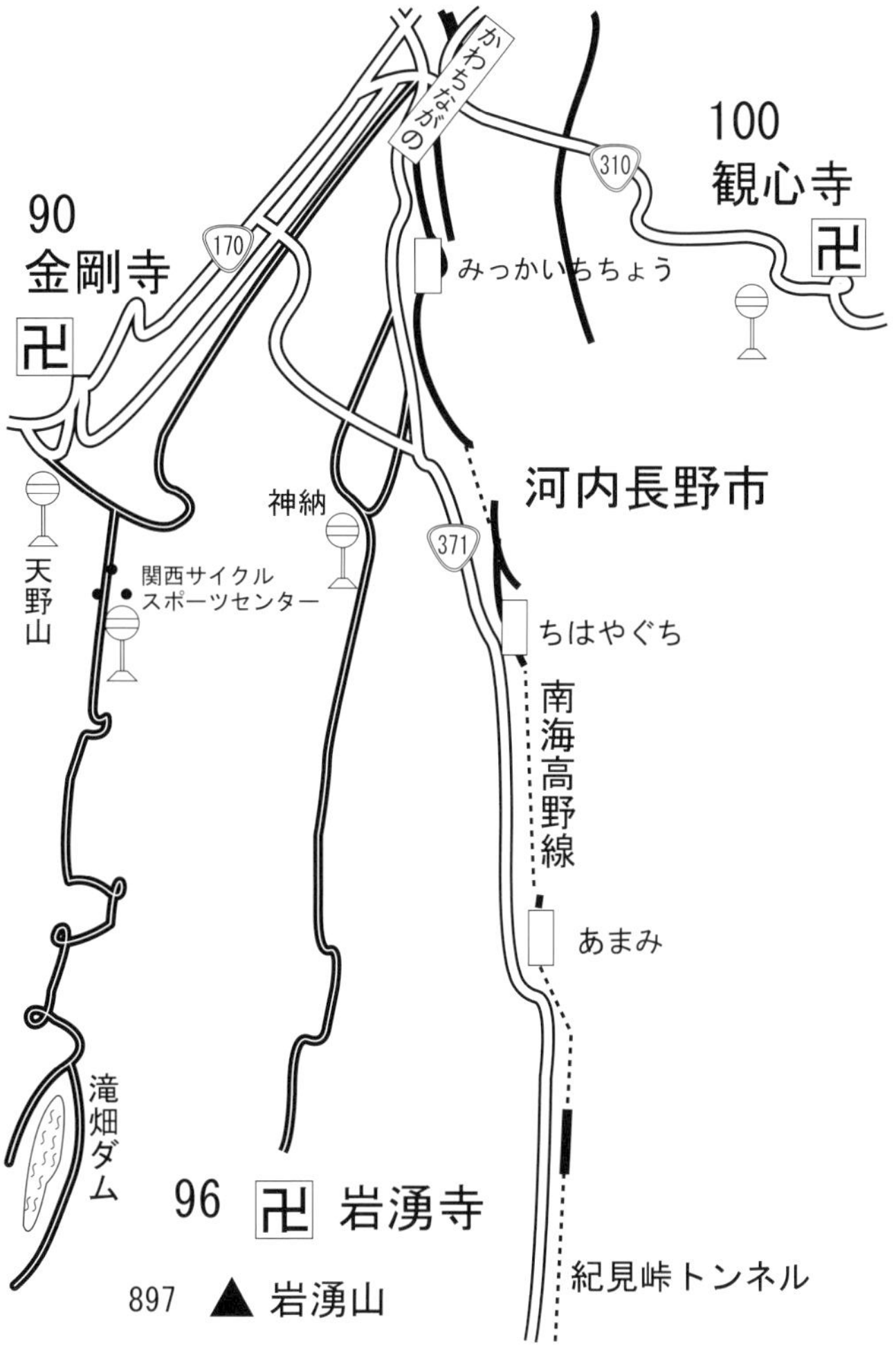

かわちながの
100
観心寺
310
90
金剛寺
170
みっかいちちょう
河内長野市
神納
371
天野山
関西サイクルスポーツセンター
ちはやぐち
南海高野線
あまみ
滝畑ダム
96
岩湧寺
紀見峠トンネル
897
岩湧山

兵庫

妙見山（1139メートル）は、中国地方では大山に次ぐ高峰でありスキー場で知られる氷ノ山に対峙している。

102 名《な》草《ぐさ》神社

◎落慶年代——戦国時代
◎落慶年——一五二七（大永七）年
◎重層形式——三重
◎国宝・重文—重文

◎指定年月——一九〇四年二月
◎様式・特徴——最高所の塔◆こけら葺
◎寺院本尊所在地—兵庫県養父市八鹿町石原（妙見山の肩、「八鹿町」からタクシー）

孝徳天皇勅願。開基・法道仙人。山号「岩嶺山」。

103

石《しゃく》峯《ぶ》寺

◎宗派――高野山真言宗
◎落慶年代―室町時代
◎落慶年――一四七〇年頃
◎重層形式―三重

◎国宝・重文――重文（本尊▽延命地蔵尊）
◎指定年月――一九一五年三月
◎様式・特徴――和様◆総高さ二四・四メートル◆とち葺形銅板葺
◎寺院本尊所在地―兵庫県神戸市北区淡河町神影（「三木」からバス▽「野瀬」下車二キロ。一三四頁に略図あり）

開基・インド僧法道仙人（大化改新の時代）。孝徳天皇の勅願所。山号「法華山」。

104

一乗寺

◎**宗派**――天台宗
◎**落慶年代**――平安後期
◎**落慶年**――一一七一（承安元）年
◎**重層形式**――三重
◎**国宝・重文**――国宝（本尊▽聖観音）

◎**指定年月**――一九五二年三月
◎**様式・特徴**――初重天井上に心柱◆岩盤造りの亀腹上◆初、二重に蟇股◆本瓦葺
◎**寺院本尊所在地**――兵庫県加西市坂本町（「姫路」か「法華口」からバス。国道を直進するものと門前に迂回するものと二通りある）

105

如《によ》意《い》寺

◎宗派——天台宗
◎落慶年代——南北朝時代
◎落慶年——一三八六(至徳三)年
◎重層形式——三重

◎国宝・重文——重文(本尊▽地蔵菩薩)
◎指定年月——一九五二年七月
◎様式・特徴——和様◆中備に撥束◆本瓦葺
◎寺院本尊所在地——兵庫県神戸市西区櫨谷町谷口(地下鉄西神線「西神南」下車)

孝徳天皇勅願、開基・法道仙人。山号「比金山」。

開基・聖徳太子。別称「はんきゅうじ」。

106

斑鳩寺《いかるが》

◎**宗派**――――天台宗
◎**落慶年代**――戦国時代
◎**落慶年**―――一五六五（永禄八）年
◎**重層形式**――三重

◎**国宝・重文**―――重文（本尊▽釈迦、薬師各如来と如意輪観音）
◎**指定年月**―――一九二八年四月
◎**様式・特徴**―――和様＋禅宗様◆本瓦葺
◎**寺院本尊所在地**―兵庫県揖保郡太子町鵤（「網干」からバス）

107

（六条）八幡神社

◎落慶年代——室町時代
◎落慶年——一四六六（文正元）年
◎重層形式——三重
◎国宝・重文—重文

◎指定年月——一九一四年四月
◎様式・特徴——和様◆総高さ一八・二メートル◆檜皮葺
◎寺院本尊所在地—兵庫県神戸市北区山田町中字宮ノ片
（神戸電鉄「箕谷」下車。一三四頁に略図あり）

山田は神功皇后の行宮《あんぐう》が所在した霊地。開基（長徳元年）・周防《すおう》国の僧基灯。その後、保安４年、山田庄の領主・源為義が石《いわ》清水八幡宮の分霊である左女牛八幡宮を京都六条の自宅からここへ移して合祀した。以後、神仏習合の霊山として足利家の尊崇を受けた。

108 徳光院 ◀

◎**宗派**―臨済宗天龍寺派
◎**落慶年代**―戦国時代
◎**落慶年**―一四七八（文明十）年
◎**重層形式**―多宝
◎**国宝・重文**―重文（本尊▽十一面観音）

◎**指定年月**―一九七一年六月
◎**様式・特徴**―後補材多い◆本瓦葺
◎**寺院本尊所在地**―兵庫県神戸市中央区葺合町布引山（「新神戸」▽布引公園）

九世紀初頭に平城天皇の勅願寺として創建された龍華山明王寺のものだったが、明治になり同寺が無住となったため造船社主・川崎氏が私邸に買取り、それを昭和十三年に徳光院へ寄進した。山号「大円山」。

孝徳天皇勅願、開基・法道仙人。羽柴秀吉の三木城攻めとその後の失火で全山焼失し、現存の堂塔はその後の再建。山号「大谷山」。

109 伽《が》耶《や》院 ▶

◎**宗派**―天台系▽本山修験宗
◎**落慶年代**―江戸初期
◎**落慶年**―一六四八（正保五）年
◎**重層形式**―多宝
◎**国宝・重文**―重文（本尊▽毘沙門天）
◎**指定年月**―一九七五年六月

◎**様式・特徴**―上重▽扇垂木◆最近、欠損していた相輪を補う◆本瓦葺
◎**寺院本尊所在地**―兵庫県三木市志染町大谷（「三木」からバスと徒歩二・五キロ。一三四頁に略図あり）

110 酒《さか》見《み》寺

◎**宗派**—高野山真言宗
◎**落慶年代**—江戸初期
◎**落慶年**—一六六二(寛文二)年
◎**重層形式**—多宝
◎**国宝・重文**—重文(本尊▽十一面観音)

◎**指定年月**—一九七五年六月
◎**様式・特徴**—極彩色◆一重▽本瓦・二重▽檜皮葺
◎**寺院本尊所在地**—兵庫県加西市北条町北条

聖武天皇勅願。開山・行基。山号「泉生山《せんしょうざん》」。

111 長《ちょう》遠《おん》寺

◎**宗派**—日蓮宗
◎**落慶年代**—江戸初期
◎**落慶年**—一六〇七(慶長十二)年
◎**重層形式**—多宝
◎**国宝・重文**—重文

◎**指定年月**—一九七四年五月
◎**様式・特徴**—日蓮宗の形態◆本瓦葺
◎**寺院本尊所在地**—兵庫県尼崎市寺町

阪神大地震後解体修理。一六一七年、尼崎城築城に際して現在地に移転し、寺号も法花寺から改称した。山号は「大尭山」。

石峯寺・八幡神社・伽耶院への略図

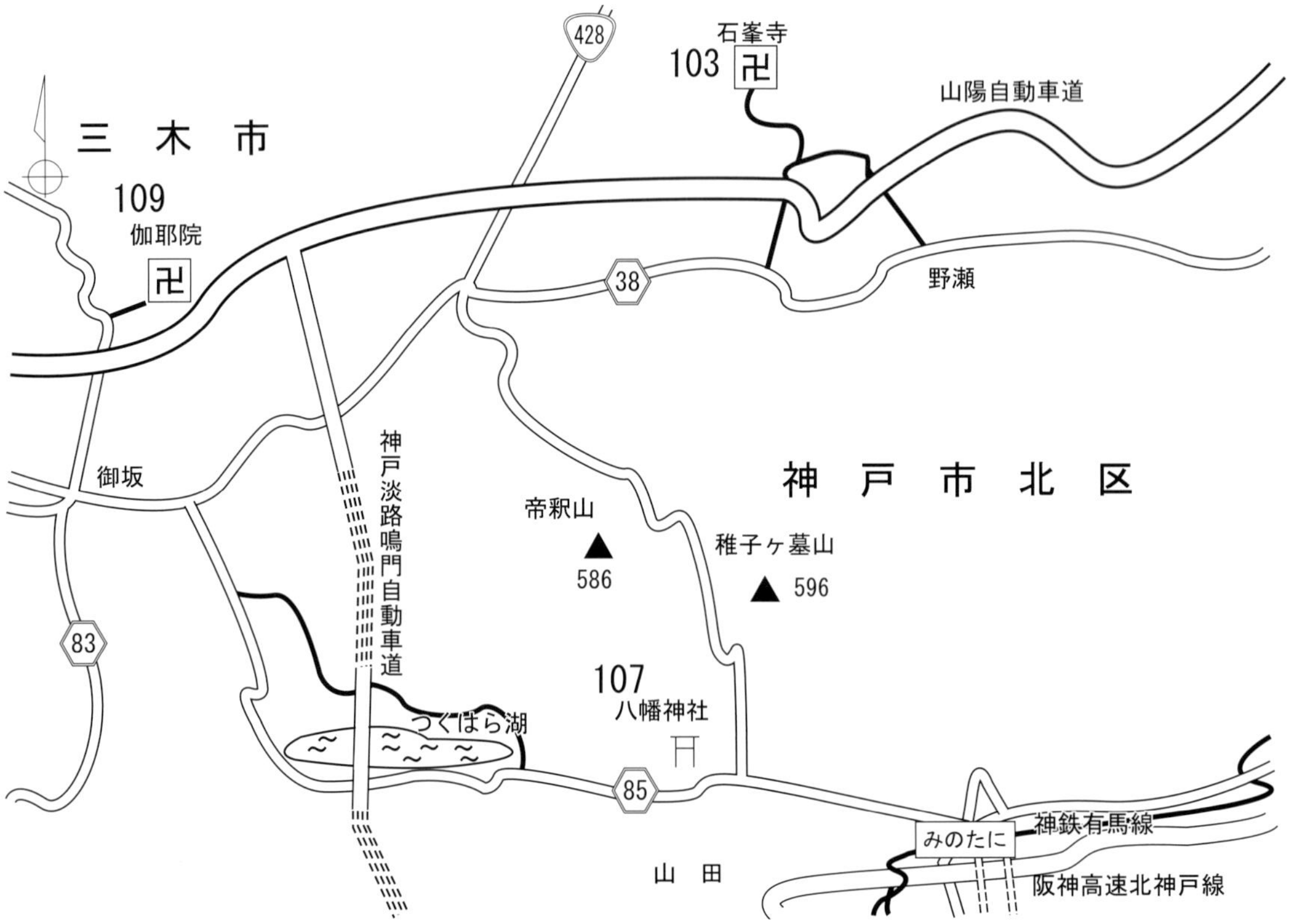

岡山

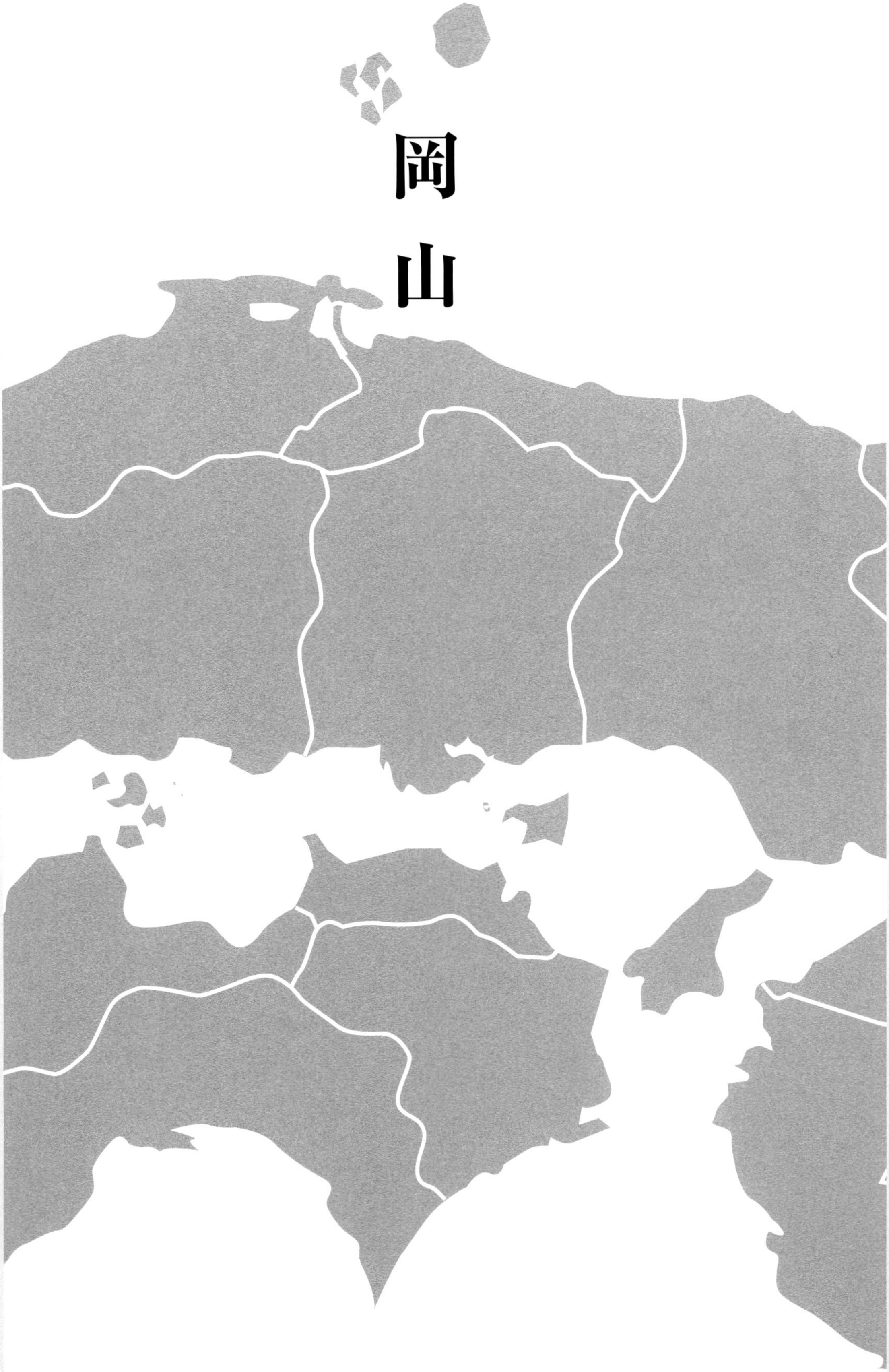

112 国分寺

◎宗派――真言宗御室派
◎落慶年代――江戸後期
◎落慶年――文政年間(一八一八～三〇年)に再建
◎重層形式――五重

◎国宝・重文――重文
◎指定年月――一九八〇年十二月
◎様式・特徴――細い塔身◆本瓦葺
◎寺院本尊所在地――岡山県総社市上林(「備中高松」から八キロ。駅近くに貸し自転車屋あり)

山号「日照山」。

113

長福寺

◎宗派――――真言宗御室派
◎落慶年代――鎌倉後期
◎落慶年――――一二八五（弘安八）年
◎重層形式――――三重
◎国宝・重文―重文（本尊▽十一面観音）

◎指定年月――――一九二一年四月
◎様式・特徴――――和様◆こけら葺◆初重天井上に立つ実の心柱とは別に初重に装飾的な心柱
◎寺院本尊所在地―岡山県美作市真神（「岡山」からバス▽「英田町原」下車二キロ）

もとは山頂にあったが、寂れたため昭和３年に山麓へ移った。
山号「真木山」。

114 真光寺

◎宗派――真言宗
◎落慶年代――室町後期
◎落慶年――未確定
◎重層形式――三重

◎国宝・重文――重文（本尊▽阿弥陀如来）
◎指定年月――一九五三年十一月
◎様式・特徴――幅に比して高さは低い◆本瓦葺
◎寺院本尊所在地――岡山県備前市西片上（赤穂線「西片上」下車五分。一四三頁に略図あり）

山号「御瀧山」。

ここで雪舟が修行した。山号「井山《いやま》」。

115

宝福寺

◎宗派——臨済宗東福寺派
◎落慶年代——南北朝時代
◎落慶年——一三七六（永和二）年
◎重層形式——三重

◎国宝・重文——重文（本尊▽虚空蔵菩薩）
◎指定年月——一九二七年四月
◎様式・特徴——和様＋禅宗様◆組上げに新構造◆本瓦葺
◎寺院本尊所在地——岡山県総社市井尻野（「総社」から二キロ）

寛和元年花山天皇の勅願で知空が開山。山号「神遊山」。

116

遍照院

◎宗派——真言宗御室派

◎落慶年代—室町時代

◎落慶年——一四一六(応永二三)年

◎重層形式——三重

◎国宝・重文—重文(本尊▽千手観音)

◎指定年月——一九二五年四月

◎様式・特徴——和様+禅宗様◆四天柱と側柱が同方式◆初、二重の中央間の中備に双斗付の板蟇股◆本瓦葺

◎寺院本尊所在地—岡山県倉敷市西阿知町(「西阿知」から一・五キロ)

山号「岩間山」。

117

本《ほん》山《ざん》寺

◎宗派――天台宗
◎落慶年代――江戸初期
◎落慶年――一六五二（承応元）年
◎重層形式――三重

◎国宝・重文――重文（本尊▽観音菩薩）
◎指定年月――一九八〇年十二月
◎様式・特徴――和様◆大型◆木割太い◆こけら葺
◎寺院本尊所在地――岡山県久米郡美咲町定宗（「弓削」からタクシー）

118

大滝山 福《ふく》生《しょう》寺

◎宗派――もと真言宗（現在は宗教法人格なし）

◎落慶年代――室町時代

◎落慶年――一四四一（嘉吉元）年

◎重層形式――三重

◎国宝・重文――重文（本尊▽十一面千手観音、大日如来）

◎指定年月――一九二六年四月

◎様式・特徴――初重から三重まで中備◆本瓦葺

◎寺院本尊所在地――岡山県備前市大内（赤穂線「伊部《いんべ》」か「香登《かがと》」下車▽徒歩四キロ。次頁に略図あり）

119 遍照寺

◎宗派―高野山真言宗
◎落慶年代―江戸初期
◎落慶年―一六〇六（慶長十一）年
◎重層形式―多宝
◎国宝・重文―重文

◎指定年月―一九七五年六月
◎様式・特徴―瓦葺の亀腹◆本瓦葺
◎寺院本尊所在地―岡山県笠岡市
笠岡（「笠岡」から〇・五キロ）

開基・空海。駅前整理事業で本堂は西の浜に移転した。その後、塔の周囲も整理され、写真とは様子が変わったらしい。

真光寺・大滝山福生寺への略図

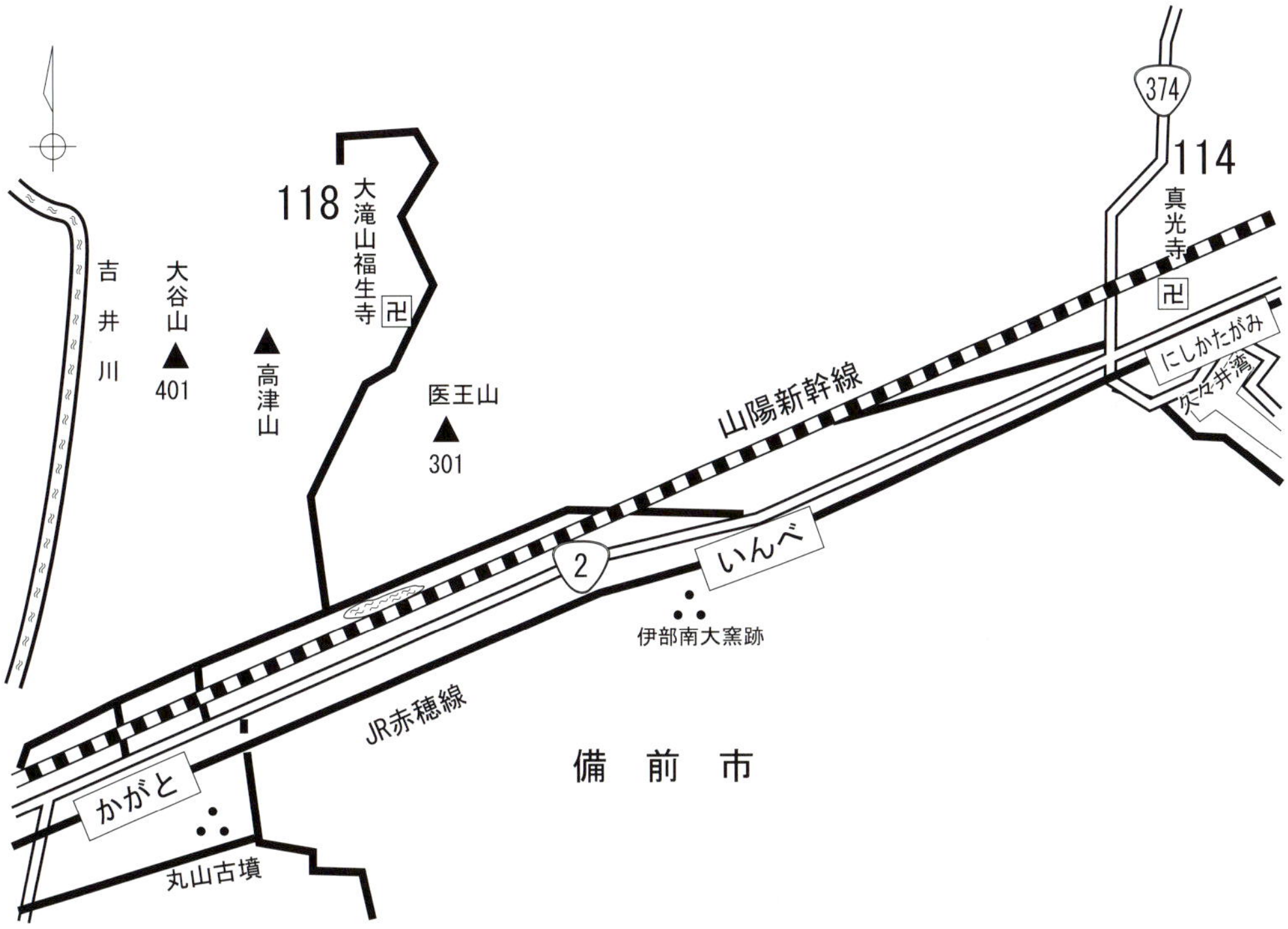

広島
山口
四国

1996年に登録された世界遺産の一部。鳥居や本殿を見下ろす高台。

120 厳島神社 ①

◎**落慶年代**——室町時代
◎**落慶年**——一四〇七(応永十四)年
◎**重層形式**——五重

◎**国宝・重文**—重文
◎**指定年月**——一九〇〇年四月
◎**様式・特徴**——和様＋禅宗様◆檜皮葺
◎**寺院本尊所在地**—広島県廿日市市宮島町

121

瑠《る》璃《り》光《こう》寺

◎宗派——曹洞宗
◎落慶年代——室町時代
◎落慶年——一四四二(嘉吉二)年
◎重層形式——五重

◎国宝・重文——国宝(本尊▽薬師如来)
◎指定年月——一九五二年十一月
◎様式・特徴——和様＋細部に禅宗様◆檜皮葺
◎寺院本尊所在地—山口県山口市香山町(「山口」からバス▽「県庁前」下車一キロ)

この塔は旧香積寺のものだったが、毛利氏の居城用の建材として目を付けられ解体される寸前、町民の要請で保存され、元禄年間にここへ移転した瑠璃光寺のものとなった。山号「保寧山」。

122

明《めい》王《おう》院

◎宗派――真言宗大覚寺派

◎落慶年代―南北朝

◎落慶年――一三四八(貞和四)年

◎重層形式―五重

◎国宝・重文――重文(本尊▽十一面観音菩薩)

◎指定年月――一九五三年三月

◎様式・特徴――和様◆細い塔身

◎寺院本尊所在地―広島県福山市草戸町(「福山」▽芦田川右岸)

山号「中道山」。

尾道市街の三塔のうち最も海寄り。山号「転法輪山《てんぽうりんざん》」。

123

浄土寺

◎宗派———広島真言宗教団本山
◎落慶年代——鎌倉時代
◎落慶年———一三二九(元徳元)年
◎重層形式——多宝

◎国宝・重文———国宝(本尊▽十一面観音)
◎指定年月———一九五三年三月
◎様式・特徴———大塔を除く最大の多宝塔◆多様な組物◆本瓦葺
◎寺院本尊所在地—広島県尾道市東久保町(「尾道」下車)

瀬戸田水道を見下ろす丘の先端。山号は「潮音山」。

124

向上寺

◎宗派――曹洞宗
◎落慶年代―室町時代
◎落慶年――一四三二(永享四)年
◎重層形式――三重

◎国宝・重文――国宝(本尊▽釈迦如来)
◎指定年月――一九五八年二月
◎様式・特徴――禅宗様◆本瓦葺
◎寺院本尊所在地―広島県尾道市瀬戸田町瀬戸田(生口島)

125

天《てん》寧《ねい》寺

◎宗派――曹洞宗
◎落慶年代―室町時代
◎落慶年――一三八八(嘉慶二)年
◎重層形式――三重

◎国宝・重文――重文
◎指定年月――一九四九年二月
◎様式・特徴――禅宗様◆もと五重◆本瓦葺
◎寺院本尊所在地―広島県尾道市東土堂町

急傾斜地に墓地に囲まれて建つ。

行基の開創。

126

西《さい》国《こく》寺

◎宗派——真言宗醍醐派
◎落慶年代——室町時代
◎落慶年——一四二九（永享元）年
◎重層形式——三重

◎国宝・重文——重文
◎指定年月——一九一三年四月
◎様式・特徴——和様◆基壇上◆本瓦葺
◎寺院本尊所在地——広島県尾道市西久保町（「尾道」▽長い階段上）

127

切《きり》幡《はた》寺

◎宗派——高野山真言宗
◎落慶年代——江戸初期
◎落慶年——一六一八（元和四）年
◎重層形式——大塔（五間）
◎国宝・重文—重文

◎指定年月——一九七五年六月
◎様式・特徴——唯一の方形二重◆本瓦葺
◎寺院本尊所在地—徳島県阿波市市場町切幡字観音（徳島または鴨島からバス▽「八幡西」下車。一五七頁に略図あり）

四国霊場八十八ヵ所十番札所。333段の石段。大阪の住吉大社神宮寺にあったものを明治維新の神仏分離で神宮寺が廃されたとき、当時の切幡寺の住職がただ同然で購入、海・水路を運搬し、10年がかりで移築した。最近、1998年10月から３年あまりかけて解体修理した。高所で敷地が狭いため、一般的な広角レンズでは屋根が入り切らない。

128

石《いし》手《て》寺

◎宗派――真言宗豊山派
◎落慶年代――鎌倉末期
◎落慶年――未確定
◎重層形式――三重

◎国宝・重文――重文（本尊▽薬師如来）
◎指定年月――一九〇七年五月
◎様式・特徴――和様◆本瓦葺
◎寺院本尊所在地――愛媛県松山市石手（「松山」からバス）

開基・行基。四国八十八ヵ所五十一番札所。山号「熊野山」。

五重塔とは神社本殿のある入江を挟んだ対岸の高台上。

129 厳島神社 ② ◀

◎落慶年代―室町時代
◎落慶年―一五二三（大永三）年
◎重層形式―多宝
◎国宝・重文―重文
◎指定年月―一九〇一年八月

◎様式・特徴―ほぼ和様◆下重▽方柱、出組◆上重▽四手先◆初重中央間蟇股、脇間蓑束◆こけら葺
◎寺院本尊所在地―広島県廿日市市宮島町

130 閼《あ》伽《か》井《い》坊《ぼう》 ▶

◎宗派―真言宗御室派
◎落慶年代―室町末期
◎落慶年―未確定
◎重層形式―多宝

◎国宝・重文―重文
◎指定年月―一九〇七年五月
◎様式・特徴―亀腹低い◆層塔式の相輪に水煙◆こけら葺
◎寺院本尊所在地―山口県下松市花岡戒町（「周防花岡」から一キロ）

周防灘対岸の宇佐八幡の分霊を、和銅二年に祀った花岡八幡宮の社坊九ヵ寺のうち現存する唯一の坊。山号「華岳山」。

切幡寺への略図

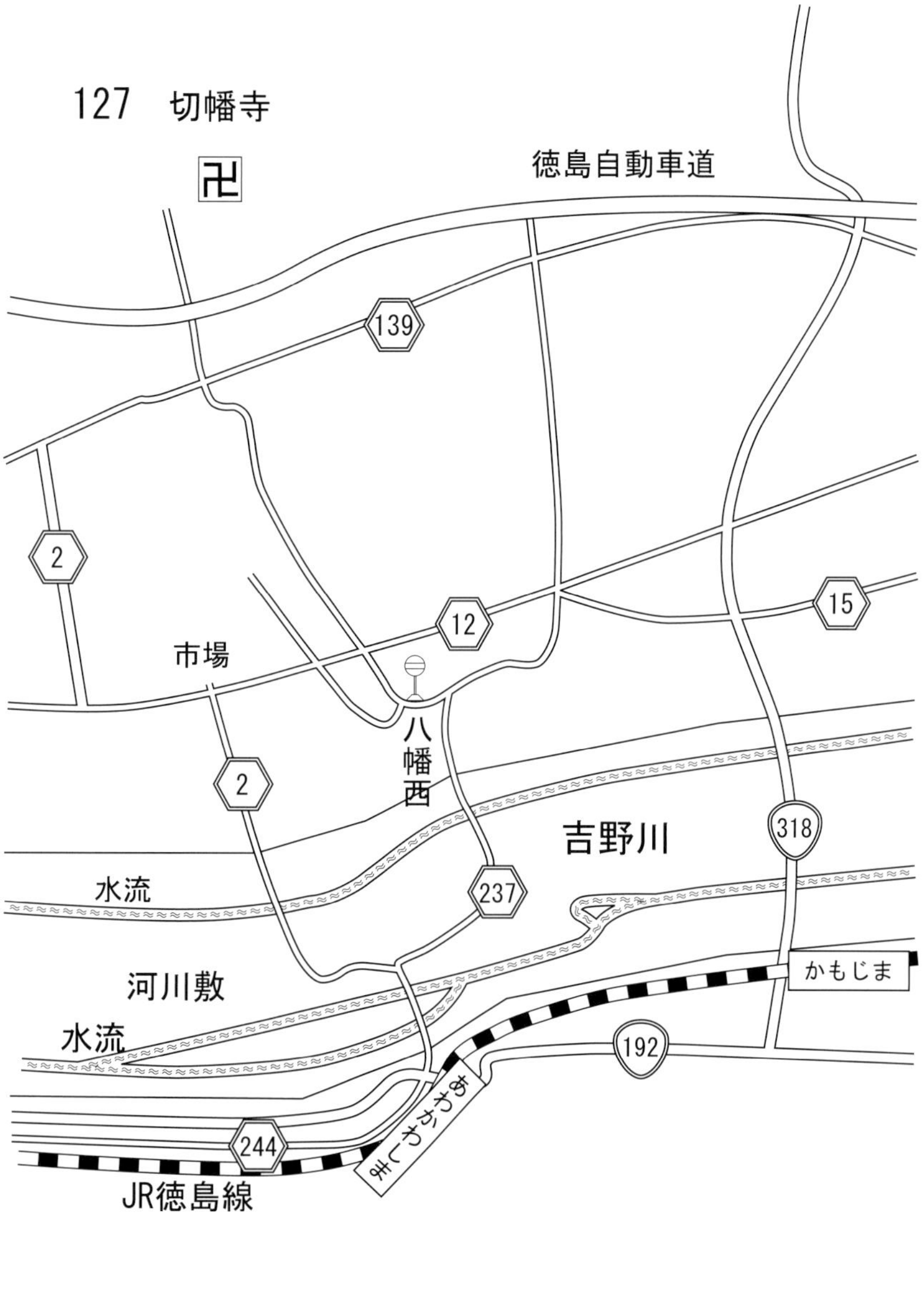

127 切幡寺
徳島自動車道
139
2
12
15
市場
八幡西
2
318
吉野川
水流
237
河川敷
かもじま
水流
192
244
あわかわしま
JR徳島線

あとがき

学生時代に、友人から借りたカメラで富士山の火口を撮った写真が近所の写真店の店頭に飾られたことがある。一眼レフを自分のカメラとして持ったのは、四十歳代半ばに在外研究で一年間ザルツブルクに滞在することになったときである。空路は避けて、往復ともシベリア鉄道を利用した。滞在中は週末になるとオーストリア・アルプスを登りまくった。森林限界は千三百メートルほどなので、どのコースにも岩場があって、「熟達向き」の立て札が警告を発していた。このころの写真では三脚は使っていない。ヨーロッパ人のなかには東洋文化への憧れを抱いている人がおり、それがこちらに乗り移って、帰国後、文化財の撮影を始めたように思う。

職業的カメラマンではないので、別に本業に就いている限り、撮影に出かける機会はめったにない。撮影対象を絞ってそこに集中しなければ時間と労力の空費に終わり、満足感も得られない。そこで、対象を山と仏塔に絞ることにした。今日では入れるところまで車で行くのが常識であろうが、自然派を自任している以上は登山も旅行も路線バスを降りたら担いで歩く。

山は自然の変化が激しく、シャッターチャンスにはなかなか恵まれない。塔は人工的なものであるから簡単かというと、そうでもない。相輪が空に突き出していて、明るさで空と塔身とが著しくコントラストをなしているので、この調整が第一の難問である。また、塔は多くの場合樹林に囲まれていて、花が咲き葉が茂るとそれらが塔身を隠すので、季節を選ばなければならない。さらに、天気と時間も無視できない。曇っていればコントラストは弱いので塔の向きや時間帯を気にせずに済むであろうが、晴れていると光線の角度と塔の向きを考慮しなければならない。全国の仏塔を撮影していれば、どこかで解体修理中のものに出会う。辿り着いて見ると、修理中の看板だけで塔の姿はないという目に三度は遭った。塔の修理だけではなく周囲の整備が済むには五年はかかると踏んで、気長に待たねばならない。

二十年ほどは三五ミリ用のマニュアル方式のカメラを使っていた。ブローニーを使うようになってからはまだ十年ほどにすぎない。対象が細長いものなので、フィルムの形は長方形が適している。したがって、ブローニーでも六四五までで、六七では空や人物などが余分に入って悪影響を受けやすい。上記のように対象を山と塔に絞り、山はその愛好者としての立場で、塔は風景としてではなく文化財として、そのもの自体を対象にしている。

須磨一彦

須磨　一彦（すま かずひこ）

中央大学名誉教授。専門は文学（主著：『文学への洗礼』中央大学出版部）。ドイツ語教育にも長く携わり、専任として静岡大学から中央大学へ移籍、非常勤として慶應、明治、成城の各大学講師も兼任した。

趣味は山登り、写真、音楽。山は国内ばかりでなく、特にオーストリア・アルプスに数多く登る。写真は時間的制約から対象を「山」と「文化財としての仏塔」に絞っている。

音楽関係の訳書に『シューマンとロマン主義の時代』（共訳、国際文化出版社）、論文に「ワルツからナポレオンⅡ世へ」（中央大学人文科学研究所紀要）がある。写真関係では、もみじの「晩成の華」で大中判カメラ普及協会の協会賞を受賞。

日本百名塔

二〇〇九年三月五日　初版第一刷発行

著　者――須磨一彦

発行者――玉造竹彦

発行所――中央大学出版部

東京都八王子市東中野七四二－一
〒一九二－〇三九三
電　話　〇四二－六七四－二三五一
FAX　〇四二－六七四－二三五四
http://www2.chuo-u.ac.jp/up/

印刷・製本――奥村印刷株式会社

ISBN978-4-8057-6171-7